Gundula Steinert (Hrsg.)

Super-Socken

Tolle Strickideen für die ganze Familie

OZ creativ

Vorwort

Liebe Leserinnen,
liebe Leser,

warme Füße braucht der Mensch! Jeden Tag tragen uns unsere Füße viele tausend Schritte. Verwöhnen wir sie mit selbstgestrickten Socken – individuell, passgerecht, modisch und bequem. In unserem Buch haben wir die heiß begehrten Kuscheligen für die ganze Familie im Angebot.

Individuell und zu ganz persönlichen Lieblingstücken werden die selbstgestrickten Socken deshalb, weil es sich immer um Einzelstücke handelt, die Sie ganz nach Ihren Wünschen selbst anfertigen können.

Sie sehen, es geht nicht nur um die warmen Füße allein. Wenn Sie gern stricken, werden Sie es schon genießen, Ihren Socken-Favoriten auszusuchen, das Garn und die Nadeln zu besorgen, um endlich gemütlich Zuhause zu sitzen und die Nadeln klappern zu lassen. Sie werden mit Stolz, Freude und Genugtuung beobachten, wie der Strumpf Runde um Runde wächst und die gewünschte Form annimmt.

Wenn Sie eine Strickanfängerin sind, haben Sie etwas Geduld mit sich. Lassen Sie sich Zeit für ein paar kleine Probestücke oder lassen Sie sich von Großmutter, Mutter oder einer Freundin beraten, die in der Strickerei fit ist. Auf den Seiten 10 und 11 finden Sie einen Grundkurs zum Sockenstricken in Wort und Bild und auf der Seite 12 eine Größentabelle mit Tipps zum Umrechnen in Ihre gewünschte Größe, falls die entsprechende Anleitung sich auf eine andere Größe bezieht. Auch begeisterte Strickerinnen mit viel Erfahrung werden selbstverständlich noch den einen oder anderen Tipp, neue Muster, flotte Formen und interessante Motive finden. Ob Sie sich genau an die Anleitungen unserer Modelle halten oder die Ideen aufgreifen und ganz neue Kreationen schaffen, bleibt Ihrer Fantasie überlassen. Auf jeden Fall ist dieses Buch mit 127 Modellen ein Nachschlagewerk und Fundus mit Muster und Motiven von den kleinsten Söckchen bis zu großen Strümpfen und Hüttenschuhen für die ganze Familie.

Ganz gleich, ob Strickanfänger oder Könner – bereiten Sie auch Freunden oder Familienmitgliedern mit einem Buchgeschenk für dieses schöne Hobby eine Freude und empfehlen Sie es weiter.

Für jeden Trend und jeden Geschmack werden Sie Modelle in diesem Buch finden. Schöne Zopf- und Strukturmuster für Modelle in Jeans- und Naturtönen, Ajourmuster in sanften und kräftigen Farben, kleine, bunte Jaquard-Bordüren und nordische Einstrickmuster. Dekorative Rosen- und Tiermotive zieren kleine und große Modelle und wie Sie die Stickbilderchen auf das Gestrick bringen, beschreiben wir Ihnen auf den Seiten 14 und 15. Vielleicht gefallen Ihnen auch die Sportstrümpfe mit Zipper, die Wintersocken mit Pelz oder die Strümpfe im Landlebenstil mit Schnüren, Knöpfen und Schnallen.

Tun Sie sich und Ihren Füßen etwas Gutes mit ganz individuellen, modischen, passgerechten, bequemen Strümpfen.

Machen Sie sich mit uns auf die Socken oder schleichen Sie auf leisen Sohlen!

Viel Spaß beim Stricken wünscht Ihnen

Gundula Steinert

Inhalt

Kleine Garnkunde

Supergarn für Supersocken
Die Garnfirmen haben sich auf den Trend Sockenstricken eingestellt und spezielles Sockengarn mit immer besseren Eigenschaften für einen hohen Tragekomfort ausgestattet. Das Garn muss zunächst einmal strapazierfähig, maschinenwaschbar und filzfrei sein.
Sockengarn ist in verschiedenen Materialzusammensetzungen erhältlich. Für Kuschelsocken gibt es Wollmischungen, für Sommersöckchen feines Baumwollgarn und für besonders Anspruchsvolle ein ganz feines, weiches Mischgarn mit Seide. Besonders formstabil und elastisch bleiben Socken aus Stretchgarn. Selbstverständlich ist Sockengarn auch in unterschiedlichen Garnstärken erhältlich. Vom feinen 3fädigen über mehrere mittlere Stärken bis zum kuscheligen 8fädigen reicht das Angebot.
Natürlich darf man für attraktive Socken und Strümpfe vor allem die Farbe nicht unterschätzen. Aber besonders dabei bleiben keine Wünsche offen. Sie können wählen aus Naturtönen von Wollweiß über Beige bis Braun in allen Schattierungen und aus knalligen Buntstiftfarben wie Gelb, Rot, Blau, Grün, Violett usw. Oder Sie entscheiden sich für zarte Pastellfarben wie Mint, Rosa, Flieder und Hellblau. Die Palette von Weiß bis Schwarz über alle Graustufen steht ebenfalls zur Auswahl. Auch Garn in gedeckten Farben wie Tannengrün, Dunkelrot oder Marine in vielen Nuancen kann verstrickt werden. Passend zu all den vielen Unis gibt es auch noch Tweedgarne, Mouliné- und Colorgarne, bei denen die phantasievollsten Farbverläufe beim Stricken ganz von selbst entstehen. Richten Sie sich nach unseren Materialangaben in den Anleitungen oder lassen Sie sich im Fachhandel beraten.

Nadeln und Zubehör

Nadelspiel
Es besteht immer aus fünf Nadeln von 20 oder 15 cm Länge mit Spitzen an beiden Seiten. Für das Stricken von Socken oder Handschuhen sind sie unerlässlich. Es gibt sie aus Metall, Kunststoff oder Bambus.

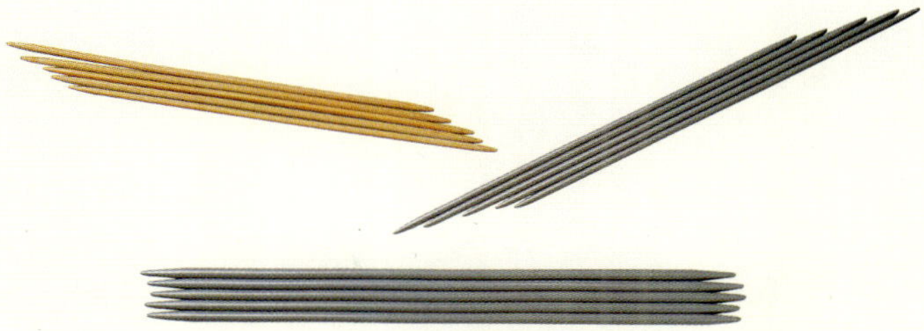

Nadelspiel

Zopfnadeln
Mit diesen Hilfsnadeln lassen sich breite Zöpfe leichter verkreuzen. Sie haben einen kleinen Bogen in der Mitte, damit die darauf befindlichen Maschen nicht herunter rutschen.

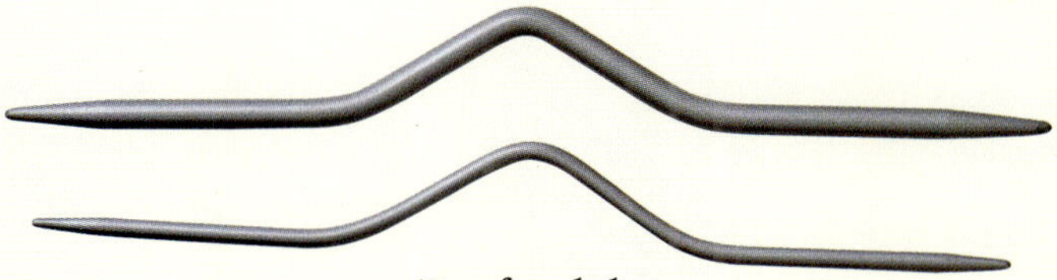

Zopfnadeln

Maschenraffer
Darauf können Sie Maschen ziehen, die für die Strickerei gerade nicht gebraucht werden. Sie funktionieren wie große Sicherheitsnadeln.

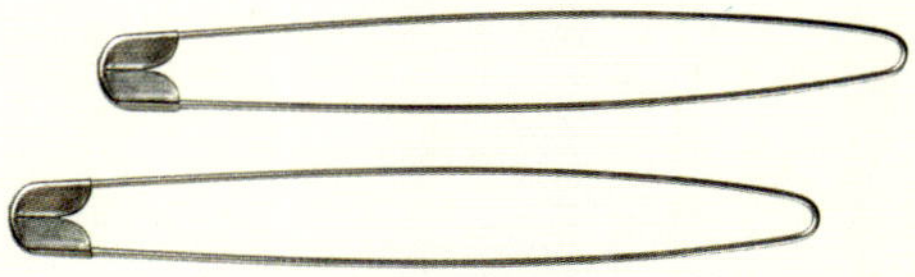

Maschenraffer

Maschenstopper
Aus weichem Gummi, sogar in Bärchenform, sind sie nützlich, wenn Sie Ihre Strickarbeit mal beiseite legen. Die Maschen können dann nicht von den Nadeln rutschen. Auch einen Transport übersteht Ihre Strickarbeit so ohne „Maschensalat“. Die nützlichen Helfer sind ebenso schnell entfernt, wenn Sie wieder weiter stricken möchten. Die Maschenstopper sind in verschiedenen Größen im Angebot, fragen Sie im Fachhandel nach.

Maschenstopper

Wollspulen
Auf diese Garnspulen können Sie kürzere Garnstücke aufwickeln. Besonders bei mehrfarbigen Mustern müssen Sie dann nicht mit den großen Knäueln hantieren.

Wollspulen

Maschenmarkierer
Diese kleinen Teile können Sie während der Arbeit in Maschen einhängen. Damit können Sie z. B. Mustersätze, Knopflöcher, Rundenübergänge oder andere markante Stellen kennzeichnen.

Maschenmarkierer

Grundkurs Sockenstricken

Das Socken-Prinzip

Alle Socken in diesem Buch werden nach einem Prinzip gestrickt, das wir Ihnen hier Schritt für Schritt vorstellen.

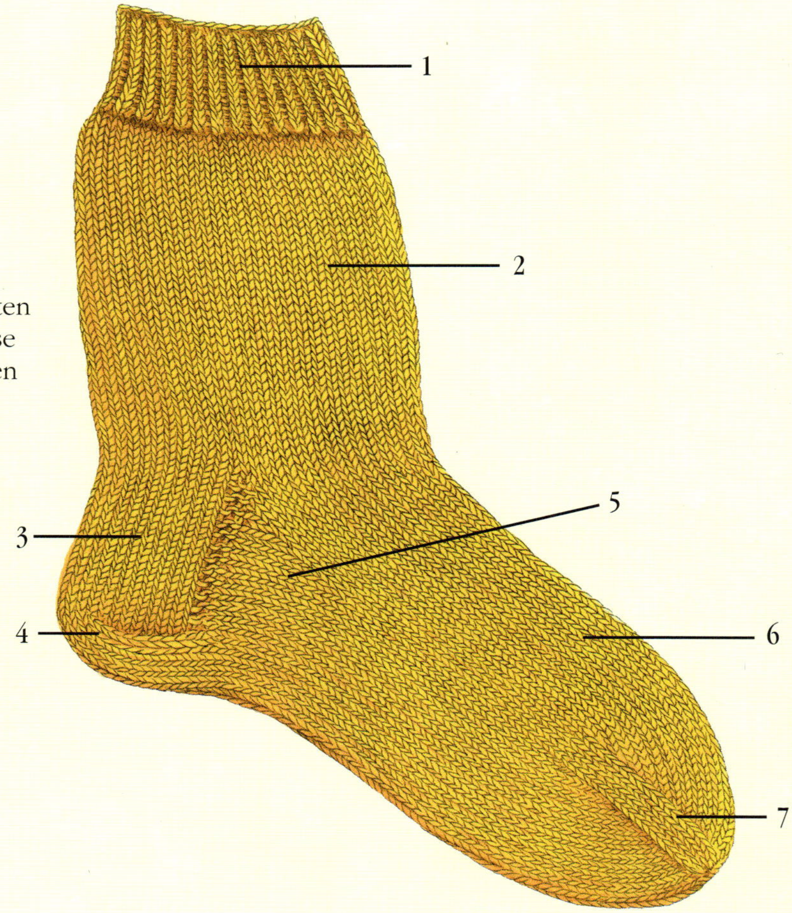

Kleine Socken-Terminologie

1 = Bund oder Bündchen
2 = Schaft
3 = Fersenwand, umschließt die Ferse hinten
4 = Käppchen, sitzt am Fuß unter der Ferse
5 = Zwickel, das ist der Übergang zwischen Ferse und Fuß
6 = Fuß, wird wieder über alle 4 Nadeln gestrickt
7 = Bandspitze – das gute Ende

1. Maschen anschlagen und gleichmäßig auf die 4 Nadeln des Nadelspiels verteilen. Der Anfangsfaden markiert den Rundenübergang, der immer in der rückwärtigen Mitte zwischen der 4. und 1. Nadel liegt. Wie Bund und Schaft gestrickt werden, steht in der jeweiligen Anleitung.

2. Fersenwand: Die Maschen der 1. und 4. Nadel zusammen auf eine Nadel nehmen und in Reihen glatt rechts stricken. Die Maschen der 2. und 3. Nadel sind stillgelegt. In der Größentabelle auf Seite 12 ist angegeben, wie viele Reihen je Größe für die Fersenwand gestrickt werden.

Tipp:
Stricken Sie die beiden äußeren Maschen der Fersenwand kraus rechts, das erleichtert das Zählen der Reihen.

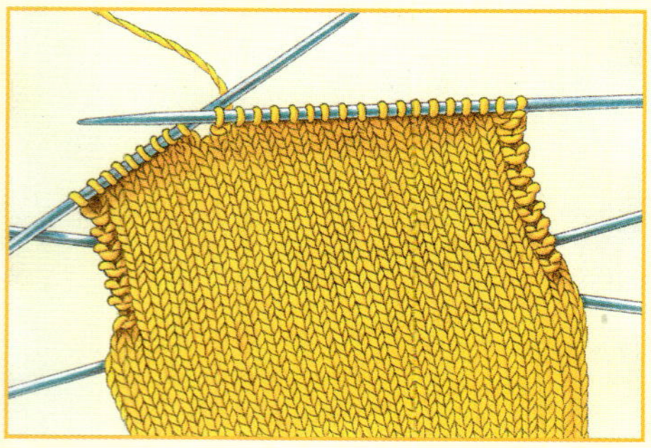

3. Fersenkäppchen: Die Maschen der Fersenwand durch 3 teilen. Über das mittlere Drittel glatt rechts stricken und dabei nach und nach die äußeren Maschen wie folgt mitstricken: In den Hin-Reihen immer die letzte Masche mit der folgenden Masche des äußeren linken Drittels rechts verschränkt zusammenstricken, wenden und die 1. Masche links abheben.

Schritt für Schritt erklärt

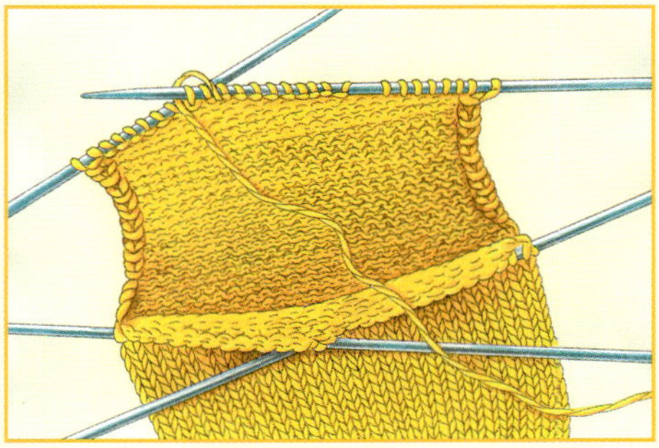

4. In den Rück-Reihen immer die letzte Masche mit der folgenden Masche des äußeren rechten Drittels links zusammenstricken, wenden und die 1. Masche rechts abheben.

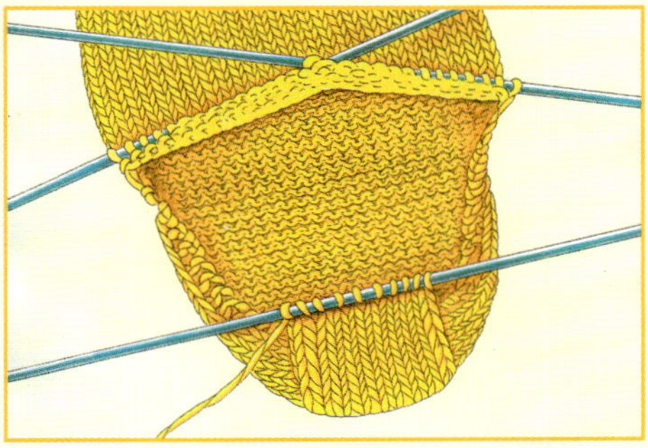

5. Durch das Zusammenstricken entstehen rechts und links vom mittleren Drittel Lücken, und man sieht deutlich, wo die Reihe beginnt und endet. Das Käppchen so weiter stricken, bis alle äußeren Maschen aufgebraucht sind und nur noch die Maschen des mittleren Drittels übrig sind.

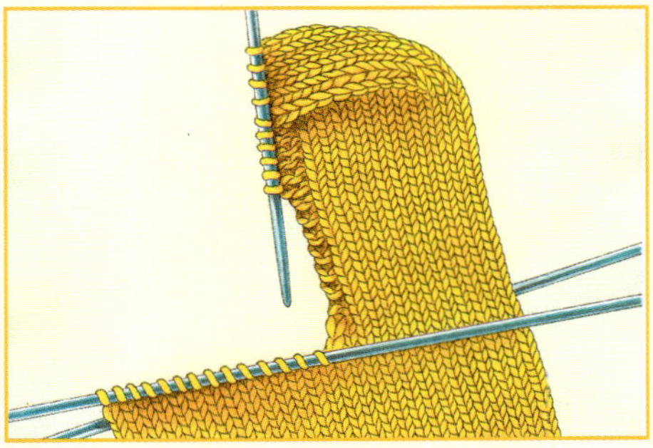

6. In Runden weiterstricken, die Maschen wie folgt auf 4 Nadeln verteilen: Die Käppchenmaschen je zur Hälfte auf die 1. und 4. Nadel nehmen. Mit der 1. Nadel aus dem linken seitlichen Rand der Fersenwand aus jeder 2. Reihe 1 Masche auffassen. Die stillgelegten Maschen der 2. und 3. Nadel wieder mitstricken. Mit der 4. Nadel aus dem rechten seitlichen Rand der Fersenwand aus jeder 2. Reihe 1 Masche auffassen.

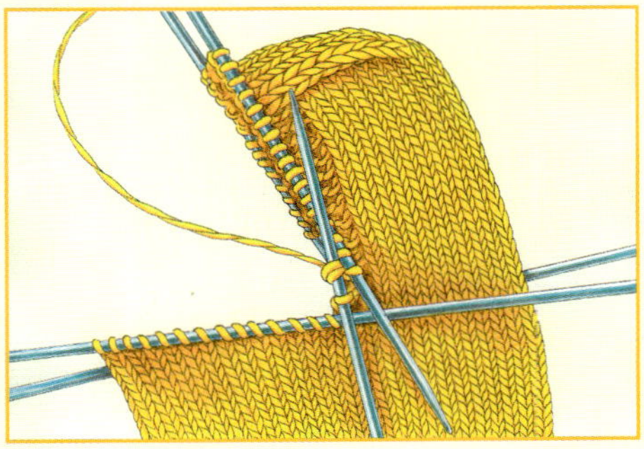

7. Die seitlich aus der Fersenwand aufgenommenen Maschen für den Zwickel wieder abnehmen. Dazu in jeder 2. Runde auf der 1. Nadel die dritt- und zweitletzte Masche rechts zusammenstricken sowie auf der 4. Nadel die zweite Masche rechts abheben, die dritte Masche rechts stricken, dann die abgehobene Masche überziehen. Diese Abnahmen so oft wiederholen, bis auf der 1. und 4. Nadel wieder so viele Maschen sind wie bei Fersenbeginn. Den Fuß wie in der Anleitung beschrieben weiterstricken. Die Fußlänge steht in der Größentabelle auf Seite 12, sie wird jeweils vom Käppchenbeginn bis zum Spitzenbeginn gemessen.

8. Die Bandspitze glatt rechts stricken, dabei wie folgt Maschen abnehmen: Auf der 1. und 3. Nadel jeweils die dritt- und zweitletzte Masche rechts zusammenstricken sowie auf der 2. und 4. Nadel jeweils die zweite Masche rechts abheben, die dritte Masche rechts stricken, dann die abgehobene Masche überziehen. Diese Abnahmen nur in jeder 2. Runde arbeiten und so oft wiederholen, bis nur noch die Hälfte der Maschen vorhanden ist. Dann in jeder Runde auf diese Art abnehmen. Die letzten 8-12 Maschen mit doppeltem Faden fest zusammenziehen oder im Maschenstich zusammennähen.

Socken: So errechnen Sie Ihre Wunschgröße

Größentabellen für Socken

Maschenprobe: 28 Maschen und 40 Reihen/Runden = 10 x 10 cm

Größe	20/21	22/23	24/25	26/27	28/29	30/31	32/33	34/35	36/37	38/39	40/41	42/43	44/45	46/47
Gesamtfußlänge in cm	13,5	14,5	16	17,5	19	20	21,5	23	24,5	25,5	27	28	29	30,5
Maschenanschlag	40	44	48	48	52	52	56	56	60	60	64	64	68	72
Fersenwandbreite in Maschen	20	22	24	24	26	26	28	28	30	30	32	32	34	36
Fersenwandhöhe in Reihen	16	18	20	20	22	22	24	24	26	26	28	28	30	32
Maschenzahl für das Käppchen	6	8	8	8	10	10	10	10	10	10	12	12	12	12
Maschenaufnahme beidseitig	8	9	10	10	11	11	12	12	13	13	14	14	15	16
Fußlänge bis Spitzenbeginn (Gesamtfußlänge minus Spitze)	10	11	12	13,5	15	16	17	18,5	19,5	20,5	21,5	22,5	23	24

Maschenprobe: 22 Maschen und 30 Reihen/Runden = 10 x 10 cm

Größe	20/21	22/23	24/25	26/27	28/29	30/31	32/33	34/35	36/37	38/39	40/41	42/43	44/45	46/47
Gesamtfußlänge in cm	13,5	14,5	16	17,5	19	20	21,5	23	24,5	25,5	27	28	29	30,5
Maschenanschlag	32	32	36	36	40	40	44	44	48	48	52	52	56	56
Fersenwandbreite in Maschen	16	16	18	18	20	20	22	22	24	24	26	26	28	28
Fersenwandhöhe in Reihen	12	12	14	14	16	16	18	18	20	20	22	22	24	24
Maschenzahl für das Käppchen	6	6	6	6	6	6	8	8	8	8	10	10	10	10
Maschenaufnahme beidseitig	6	6	7	7	8	8	9	9	10	10	11	11	12	12
Fußlänge bis Spitzenbeginn (Gesamtfußlänge minus Spitze)	10	11	12,5	14	14,5	15,5	17	18,5	19	20	21,5	22,5	22,5	24

Tipps zum Umrechnen

Gesamtfußlänge

Die richtige Größe errechnen Sie auf diese Weise: Schuhgröße geteilt durch 3 mal 2 = Gesamtfußlänge in Zentimetern über den gesamten Fuß inklusive Zehen gemessen. Ein Beispiel: 42 : 3 x 2 = 28, d.h. Schuhgröße 42 entspricht einer Gesamtfußlänge von 28 cm.

Größentabelle

Hier finden Sie alle Angaben, um Socken in Ihrer gewünschten Größe zu stricken. Wie viele Maschen Sie anschlagen müssen, wie breit die Fersenwand ist und über wie viele Reihen sie gestrickt wird, die Maschenzahl für das Käppchen, die Maschenaufnahmen, wenn Sie nach der Ferse wieder in Runden stricken, und die Fußlänge vom Käppchenbeginn bis zum Beginn der Spitze.

Schaftlänge

Die Länge des Schaftes wird auf die jeweilige Größe abgestimmt. Wenn Sie also eine größere Größe stricken möchten als in der Anleitung angegeben, müssen Sie mehr Runden vor Fersenbeginn einplanen, stricken Sie eine kleinere Größe, müssen Sie entsprechend einige Runden weglassen. Als Orientierungshilfe messen Sie einfach die Schafthöhe Ihrer Lieblingssocken und stricken das neue Paar dann entsprechend.

Mustersocken

Wenn Sie Mustersocken stricken, muss die Zahl der Maschen durch die Maschenzahl des Musterrapportes teilbar sein. Passt dies nicht zu Ihrer Wunschgröße, können Sie sich mit folgendem Trick behelfen: Stricken Sie das Muster nur über so viele Maschen, wie durch den Rapport teilbar sind, die Restmaschen so legen, dass sie in der hinteren Mitte liegen und immer glatt rechts stricken. Das Muster wird dann an dieser unauffälligen Stelle von einem Streifen glatt rechts gestrickter Maschen unterbrochen.

„Socken stricken ist
echt schaf!"

Die Stickschule

Maschenstich
Der Maschenstich zeichnet Masche für Masche das Gestrickte nach. Er ist flächig einsetzbar und eignet sich so zum nachträglichen Aufsticken von Motiven, die dann wie eingestrickt wirken.

In der Mitte der Masche ausstechen und die Nadel von rechts nach links um die darüber liegende Masche führen. Den Faden durchziehen und in die Ausstichstelle wieder einstechen.

Steppstich
Im Gegensatz zum Stielstich ist der Stich auf der Rückseite doppelt so lang wie der Stich auf der Vorderseite. Er eignet sich zum Ziehen von Linien oder Konturen auf Maschengrund und betont die einzelnen Maschen stärker als der Stielstich.

1. Der Steppstich wird von rechts nach links gearbeitet. Die einzelnen Stiche erfolgen jedoch jeweils von links nach rechts, wie in der Zeichnung dargestellt. Zurückgestochen wird immer in der doppelten Länge des Stichs auf der Rückseite.

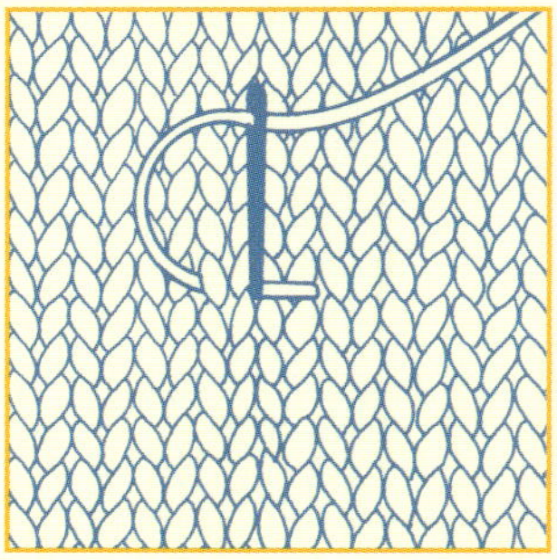

2. Nun wieder auf der Vorderseite einen Stich zur Ausstichstelle des vorhergehenden Stichs zurückarbeiten.

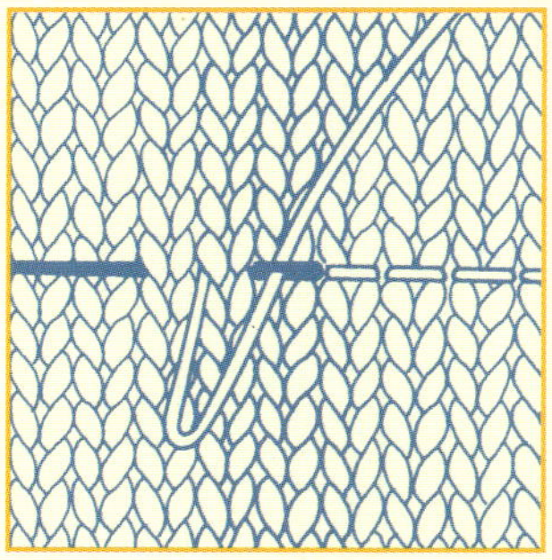

3. Dann wieder über die doppelte Länge zurückstechen. In unserem Beispiel: Vorstich immer über 1 Masche, Rückstich über 2 Maschen.

Kettenstich
Mit dem Kettenstich zeichnen Sie markante Linien auf Maschengrund. Benannt ist er nach seinem Erscheinungsbild, denn er sieht aus wie eine Gliederkette.

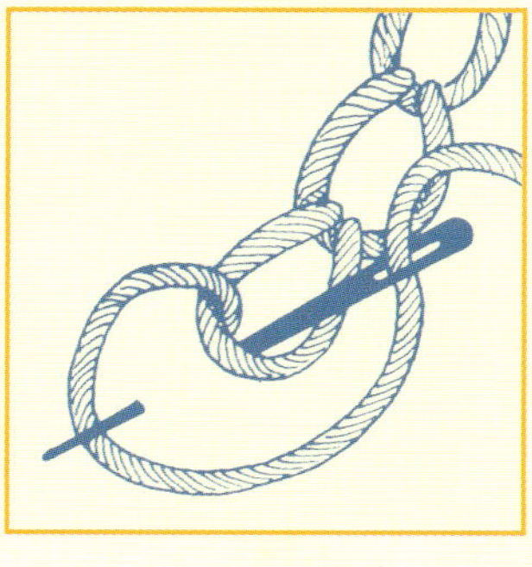

Stechen Sie an der gewünschten Stelle durch. Den Faden zu einer Schlinge legen und innerhalb dieser Schlinge einen Vorstich arbeiten. Beim Durchziehen darauf achten, dass der Arbeitsfaden unter der Nadelspitze liegt.

Das ABC der kleinen Stiche

Stielstich

Der Stielstich ist einer der bekanntesten Linienstiche. Mit ihm lassen sich leicht senkrechte, waagerechte und gebogene Linien aufsticken. Er wirkt ganz besonders plastisch und lässt sich auch problemlos auf Maschengrund arbeiten.

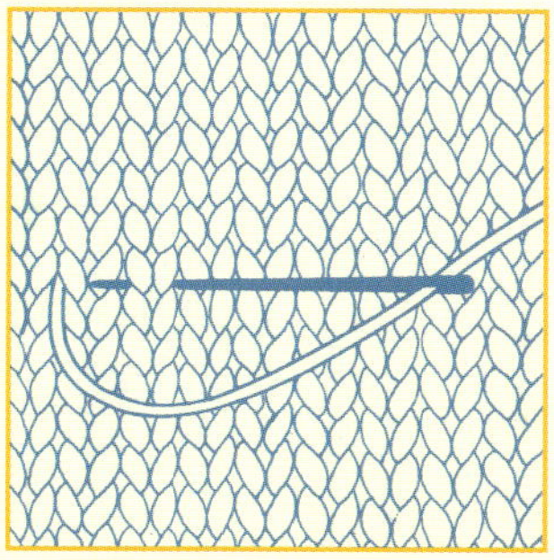

1. Der Stielstich wird immer von links nach rechts gearbeitet. Auf einen geraden Stich auf der Vorderseite folgt ein halb so langer Rückstich. Auf Maschengrund lässt sich das besonders leicht auszählen.

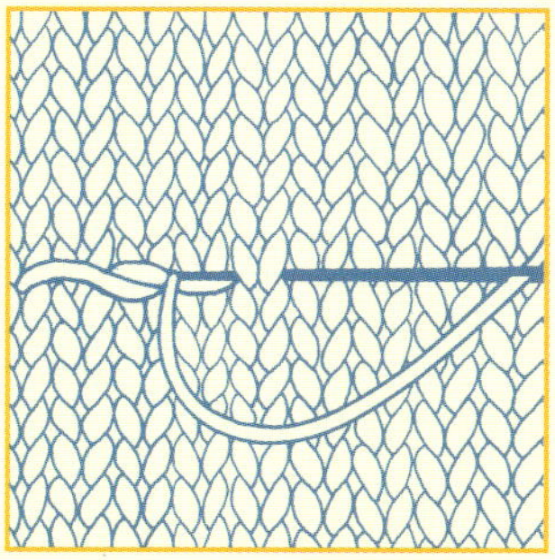

2. Den Faden auf der Vorderseite wieder so lang wie beim ersten Vorstich führen, dann auf der Rückseite abermals über die Hälfte der Länge zurückstechen. In unserem Beispiel: Vorstich immer über 2 Maschen, Rückstich über 1 Masche.

Knötchenstich

Der Knötchenstich gehört zu den geknoteten Zierstichen. Er bildet plastische Punkte z. B. für Augen oder Blütenmitten.

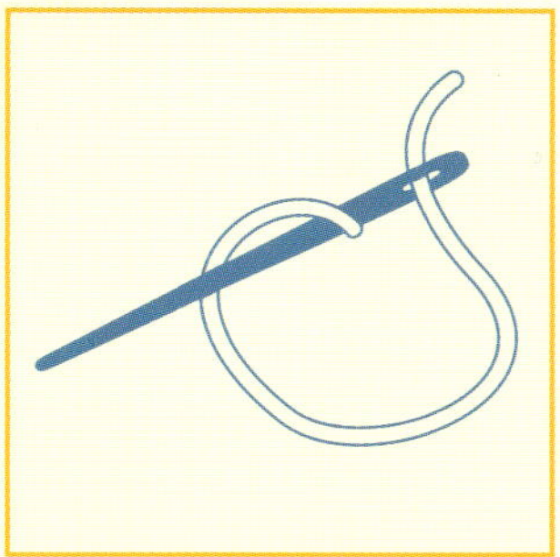

1. An der gewünschten Stelle durchstechen. Den Faden von vorne nach hinten einmal um die Nadel herumlegen.

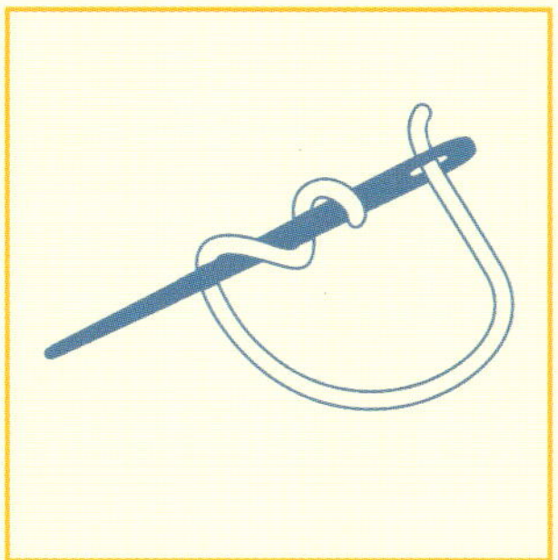

2. Dann ein zweites Mal wickeln, so dass der Faden nun zweimal um die Nadel geschlungen ist. Den Faden mit Daumen und Zeigefinger der linken Hand fassen.

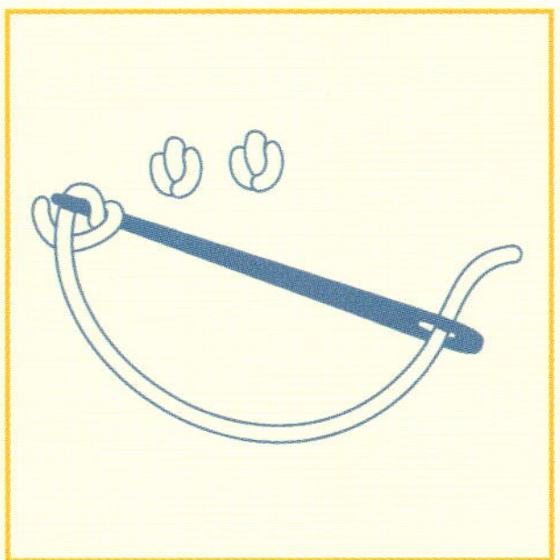

3. Dicht an der Ausstichstelle wieder einstechen und den Faden vorsichtig durchziehen. Die Wicklung dabei dicht an den Maschengrund schieben und dann den Faden straff ziehen. Die entstehenden, erhabenen Knötchen werden größer, wenn Sie den Faden dreimal um die Nadel wickeln.

Stoppersocken für Kids

Gringelte Biesen-Socken
Modell 1

Größe: 29/30

Material: Je ca 50 g Orange-Pink-Blau geringelt Fb 5414 und Blaubunt meliert Fb 5433: Qual Regia 4-fädig Cotton Color (41 % Schurwolle, 34 % Baumwolle, 25 % Polyamid, LL = 200 m/50 g) von SCHACHENMAYR. 1 Prym-N-Spiel Nr 2,5.
Rippenmuster: 2 M re, 2 M li im Wechsel
Gl re: Hin-R re M, Rück-R li M; in Rd nur re M
Biese: In Blaubunt meliert 8 R gl re str, mit einer Hilfs-N die M der 1. Biesen-R von hinten auffassen, dann in Orange-Pink-Blau geringelt jeweils 1 M der Hilfs-N mit 1 M der in Arb befindlichen N re zusstr.
Maschenprobe, gl re: 30 M und 42 R = 10 x 10 cm
Ausführung: Anschlag je 52 M in Orange-Pink-Blau geringelt (= 13 M pro N) und 2 cm im Rippenmuster str. Dann gl re weiterarb und nach 8 cm ab Bund die Ferse mit verkürzten R arb. Dafür die M der 2. und 3. N stilllegen und über die M der 1. und 4. N wie folgt weiterarb: 1. R (= Hin-R): alle M re, wenden; 2. R (= Rück-R): 1 Dopp-M (= Fd vor die Arb legen, die 1. M li abheben und den Fd fest nach hinten anziehen, sodass 2 M auf der N liegen), restl M li str, wenden; 3. R: 1 Dopp-M, alle M bis zur Dopp-M am R-Ende re str, wenden; 4. R: 1 Dopp-M, alle M bis zur Dopp-M li str, wenden. Die 3. und 4. R stets wdh, bis in der Mitte zwischen den Dopp-M noch 6 M übrig sind, dann über alle 52 M 2 Rd gl re str, bei den Dopp-M beide M-Glieder zus re abstr. Für die untere Fersenhälfte mit verkürzten R mit Biesen wie folgt weiterstr: 1. R (= Hin-R): 7 M re, wenden; 2. R (= Rück-R): 1 Dopp-M, 7 M li, wenden; 3. R: 1 Dopp-M, bis zur Dopp-M re str, dann die Dopp-M re abstr und die folg M re str, wenden; 4. R: 1 Dopp-M, bis zur Dopp-M li str, die Dopp-M li abstr und die folg M li str, wenden. Die 3. und 4. R stets wdh, bis wieder über die ganze Ferse gearb wird. Gleichzeitig in der 5. R die 1. Biese arb und in jeder folg 4. R eine weitere Biese str, dabei die Biesen jeweils nur über die M zwischen den Dopp-M arb. Achtung: Während der Biesen-R keine weiteren Dopp-M arb und diese zusätzlichen R nicht als Fersen-R mitzählen! Nach der Ferse über alle M ohne Zwickelabnahmen weiterstr, dabei auf der 1. und 4. N für die Sohle weiterhin alle 4 Rd 1 Biese arb. Damit am Anfang und Ende der Biesen keine Löcher entstehen, am Ende der 3. N den Quer-Fd der 1. M der 4. N auffassen und mit der letzten M der 3. N zusstr sowie am Anfang der 2. N den Quer-Fd der letzten M der 1. N auffassen und mit der 1. M der 2. N zusstr. Nach 15 cm ab Fersenmitte mit der Bandspitze gemäß den allgemeinen Strumpfregeln ab Seite 10 beginnen, dabei die Biesen an der Sohle zwischen den Bandabnahmen fortsetzen.

Rote Biesen-Socken
Modell 2

Größe: 25/26

Material: Ca 50 g Rot geringelt Fb 5411: Qual Regia 4-fädig Cotton Color (41 % Schurwolle, 34 % Baumwolle, 25 % Polyamid, LL = 200 m/50 g), ca 50 g Rot Fb 30: Qual Regia 4-fädig Cotton (41 % Schurwolle, 34 % Baumwolle, 25 % Polyamid, LL = 200 m/50 g), beide Qual von SCHACHENMAYR. 2 Prym-N-Spiele Nr 2,5. Ca. 12 Strassclikits von LEGO.
Rippenmuster: 1 M re, 1 M li im Wechsel
Gl re: Hin-R re M, Rück-R li M; in Rd nur re M
Biese: In Rot 8 R gl re str, mit einer Hilfs-N die M der 1. Biesen-R von hinten auffassen, dann in Rot geringelt jeweils 1 M der Hilfs-N mit 1 M der in Arb befindlichen N re zusstr.
Maschenprobe, gl re: 30 M und 42 R = 10 x 10 cm
Ausführung: Anschlag je 48 M in Rot geringelt (= 12 M pro N) und 2 cm im Rippenmuster str, dann die M stilllegen. Für den Zackenrand je 48 M in Rot anschl (= 12 M pro N) und 8 Rd gl re str, dann diese M über die stillgelegten M des Bündchens schieben und je 1 M beider N-Spiele re zusstr. Anschließend in Rot geringelt gl re weiterstr. Nach 6 cm ab Bund die Ferse mit verkürzten R arb. Dafür die M der 2. und 3. N stilllegen und über die M der 1. und 4. N wie folgt weiterarb: 1. R (= Hin-R): alle M re, wenden; 2. R (= Rück-R): 1 Dopp-M (= Fd vor die Arb legen, die 1. M li abheben und den Fd fest nach hinten anziehen, sodass 2 M auf der N liegen), restl M li str, wenden; 3. R: 1 Dopp-M, alle M bis zur Dopp-M am R-Ende re str, wenden; 4. R: 1 Dopp-M, alle M bis zur Dopp-M li str, wenden. Die 3. und 4. R stets wdh, bis in der Mitte zwischen den Dopp-M noch 6 M übrig sind, dann über alle 48 M 2 Rd gl re str, bei den Dopp-M beide M-Glieder zus re abstr. Für die untere Fersenhälfte mit verkürzten R mit Biesen wie folgt weiterstr: 1. R (= Hin-R): 16 M re, wenden; 2. R (= Rück-R): 1 Dopp-M, 7 M li, wenden; 3. R: 1 Dopp-M, bis zur Dopp-M re str, dann die Dopp-M re abstr und die folg M re str, wenden; 4. R: 1 Dopp-M, bis zur Dopp-M li str, die Dopp-M li abstr und die folg M li str, wenden. Die 3. und 4. R stets wdh, bis wieder über die ganze Ferse gearb wird. Gleichzeitig in der 5. R die 1. Biese arb und in jeder folg 4. R eine weitere Biese str, dabei die Biesen jeweils nur über die M zwischen den Dopp-M arb. **Achtung:** Während der Biesen-R keine weiteren Dopp-M arb und diese zusätzlichen R nicht als Fersen-R mitzählen! Nach der Ferse über alle M ohne Zwickelabnahmen weiterstr, dabei auf der 1. und 4. N für die Sohle weiterhin alle 4 Rd 1 Biese arb. Damit am Anfang und Ende der Biesen keine Löcher entstehen, am Ende der 3. N den Quer-Fd der 1. M der 4. N auffassen und mit der letzten M der 3. N zusstr sowie am Anfang der 2. N den Quer-Fd der letzten M der 1. N auffassen und mit der 1. M der 2. N zusstr. Nach 13 cm ab Fersenmitte mit der Bandspitze gemäß den allgemeinen Strumpfregeln ab Seite 10 beginnen, dabei die Biesen an der Sohle zwischen den Bandabnahmen fortsetzen.
Fertigstellung: Den roten Rollrand in gleichmäßigem Abstand 6 x mit einem roten Fd umstechen und fest anziehen, dazwischen je 1 Stassclikit befestigen.

Biesen-Socken mit Waben
Modell 3

Größe: 27/28

Material: Ca 50 g Blaubunt meliert Fb 5433: Qual Regia 4-fädig Cotton Color (41 % Schurwolle, 34 % Baumwolle, 25 % Polyamid, LL = 200 m/50 g), ca 50 g Marine Fb 50: Qual Regia Stretch (70 % Schurwolle, 23 % Polyamid, 7 % Polyester, LL = 200 m/50 g), je ca 50 g oder ein Rest Sittich Fb 622, Kirsch Fb 2002 und Gelb Fb 2041: Qual Regia 4-fädig (75 % Schurwolle, 25 % Polyamid, LL = 210 m/50 g), alle Qual von SCHACHENMAYR. 1 Prym-N-Spiel Nr 2,5.
Rippenmuster: 1 M re, 1 M li im Wechsel
Gl re: Hin-R re M, Rück-R li M; in Rd re M
Wabenmuster: 1. und 2. Rd: in Blaubunt meliert gl re
3.-6. Rd: in Muster-Fb *3 M re, 1 M li abheben, Fd hinter der M, 2 M re, ab * wdh
7. und 8. Rd: wie 1. und 2. Rd
9.-12. Rd: in Muster-Fb *1 M li abheben, Fd hinter der M, 5 M re, ab * wdh
13. und 14. Rd: wie 1. und 2. Rd
Die 1.-14. Rd 1 x arb, dann die 3.-14. Rd noch 2 x wdh, dabei die 4 Rd Muster-Fb nacheinander in Sittich, Gelb, Kirsch, Sittich, Gelb und Kirsch arb.
Biese: In Marine 8 R gl re str, mit einer Hilfs-N die M der 1. Biesen-R von hinten auffassen, dann in Blaubunt meliert jeweils 1 M der Hilfs-N mit 1 M der in Arb befindlichen N re zusstr.

Maschenprobe, gl re: 30 M und 42 R = 10 x 10 cm
Ausführung: Anschlag je 52 M in Blaubunt meliert (= 13 M pro N) und 3 cm im Rippenmuster str. Anschließend im Wabenmuster weiterarb, dabei in der 1. Rd verteilt 2 M zunehmen = 54 M. Nach 38 Rd ab Bund wieder 2 M abnehmen = 52 M und die Ferse mit verkürzten R wie bei Modell 1 beschrieben arb. Nach der Ferse über alle M ohne Zwickelabnahmen weiterstr, dabei auf der 1. und 4. N für die Sohle weiterhin alle 4 Rd 1 Biese arb. Damit am Anfang und Ende der Biesen keine Löcher entstehen, am Ende der 3. N den Quer-Fd der 1. M der 4. N auffassen und mit der letzten M der 3. N zusstr sowie am Anfang der 2. N den Quer-Fd der letzten M der 1. N auffassen und mit der 1. M der 2. N zusstr. Nach 14 cm ab Fersenmitte mit der Bandspitze gemäß den allgemeinen Strumpfregeln ab Seite 10 beginnen, dabei die Biesen an der Sohle zwischen den Bandabnahmen fortsetzen.
Tipp: Um den Massageeffekt der Socken noch zu erhöhen, können Sie gehäkelte Lftm-Ketten in die Biesen einarbeiten. Diese Häkel-Ketten werden entweder eingelegt bevor die Biesen zusammengestrickt werden oder nachträglich in die Biesen eingezogen. Die Lftm-Ketten können einoder mehrfädig gehäkelt werden, je nachdem wie dick die Biesen werden sollen.
Hinweis: Unsere abgebildeten Modelle wurden auf der Strickmaschine gearbeitet, deshalb sind an der Spitze keine Bandabnahmen sichtbar. Arbeiten Sie die Spitze wie gewohnt nach unseren Regeln ab Seite 10.

Vom Nordpol bis zum Südpol

Kindersocken Bär

Modell 4

Größe: 30/31

Material: ca. je 50 g Lavendel Fb 1988, Rauch meliert Fb 617, je ein Rest Weiß Fb 600, Grau meliert Fb 44 und Camel meliert Fb 615: Qual Regia 4-fädig (75 % Schurwolle, 25 % Polyamid, LL = 210 m/50 g) von SCHACHENMAYR. Je 1 Prym-N-Spiel Nr 2,5 und 3.

Rippenmuster in Lavendel mit N Nr 2,5: 2 M re, 2 M li im Wechsel

Die folg Muster mit N Nr 3 str!

Gl re: Hin-R re M, Rück-R li M; in Rd nur re M

Kr re: Hin- und Rück-R re M

Einstrickmuster: Gl re lt Zählmuster zu Modell 4 in Norwegertechnik mit mehreren Knäueln arb, dabei den unbenutzten Faden stets locker auf der Arbeitsrückseite mitführen.

Eisbär: Nachträglich gemäß Zählmuster zu Modell 4 im M-Stich aufsticken.

Maschenprobe, gl re: 30 M + 42 R = 10 x 10 cm

Ausführung: Anschlag je 54 M in Lavendel (= 1. + 3. N je 13 M, 2. + 4. N je 14 M) und 6 cm Rippenmuster str, danach gl re 12 Rd in Rauch meliert, 3 Rd Einstrickmuster und 24 Rd in Lavendel str, dann in Rauch meliert weiterarb. Nach 12 cm ab Bund mit der Ferse in Lavendel beginnen und die Socken nach den allgemeinen Strumpfregeln auf Seite 10-12 weiterstr. Dabei die äußeren je 3 M der Fersenwand kr re str und die Zwickelabnahmen in jeder 3. Rd ausführen. Nach der Ferse in Rauch meliert weiterarb und nach 15,5 cm ab Fersenmitte mit der Bandspitze in Lavendel beginnen, dabei die Abnahmen noch 2 x in jeder 3. Rd, 3 x in jeder 2. Rd, dann in jeder Rd wdh.

Fertigstellung: Außen auf den Schaft je einen Eisbären sticken. Die Krallen mit grau melierten Spannstichen, die Konturen des Kopfes und die Schnauze mit grau melierten Stielstichen arb.

Kindersocken Pinguin

Modell 5

Größe: 30/31

Material: ca. je 50 g Lavendel Fb 1988, Weiß-Schwarz meliert Fb 2068, Gelb Fb 2041, je ein Rest Weiß Fb 600 und Schwarz Fb 2066: Qual Regia 4-fädig (75 % Schurwolle, 25 % Polyamid, LL = 210 m/50 g) von SCHACHENMAYR. Je 1 Prym-N-Spiel Nr 2,5 und 3.

Rippenmuster in Gelb mit N Nr 2,5: 2 M re, 2 M li im Wechsel

Die folg Muster mit N Nr 3 str!

Gl re: Hin-R re M, Rück-R li M; in Rd nur re M

Kr re: Hin- und Rück-R re M

Pinguine: Nachträglich gemäß Zählmuster im M-Stich aufsticken.

Maschenprobe, gl re: 30 M + 42 R = 10 x 10 cm

Ausführung: Anschlag je 52 M in Gelb (= 13 M pro N) und 6 cm Rippenmuster str, danach gl re 16 Rd in Lavendel str, dann in Weiß-Schwarz meliert weiterarb. Nach 12 cm ab Bund mit der Ferse in Lavendel beginnen und die Socken nach den allgemeinen Strumpfregeln auf Seite 10-12 weiterstr. Dabei die äußeren je 3 M der Fersenwand kr re str und die Zwickelabnahmen in jeder 3. Rd ausführen. Nach der Ferse in Weiß-Schwarz meliert weiterarb und nach 15,5 cm ab Fersenmitte mit der Bandspitze in Gelb beginnen, dabei die Abnahmen noch 2 x in jeder 3. Rd, 3 x in jeder 2. Rd, dann in jeder Rd wdh.

Fertigstellung: Außen auf den Schaft die Pinguine stricken, auf die re Socke lt Zählmuster, auf die li Socke gegengl.

Zählmuster 1 zu Modell 6

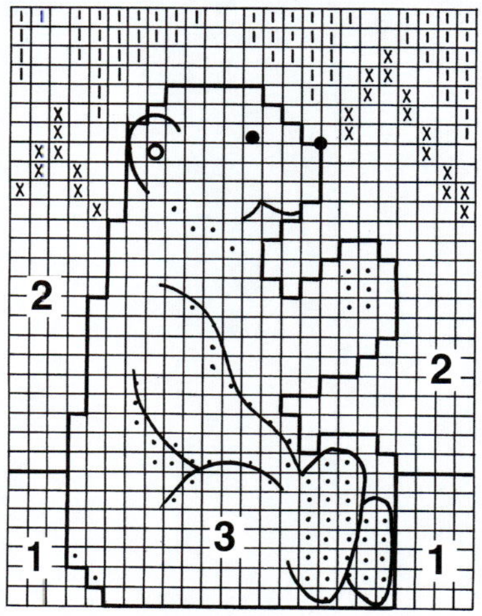

Zählmuster 2 zu Modell 6

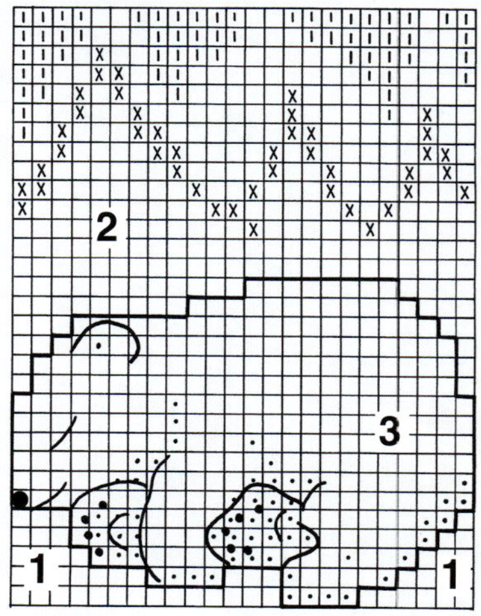

Zeichenerklärung zu Modell 9:

1 Kästchen = 1 M + 1 Rd
1 = M-Grund Lavendel
2 = M-Grund Hellblau
[X] + 3 = 1 M-Stich Weiß
[•] = 1 M-Stich Camel meliert
[o] = 1 M-Stich Grau meliert
[I] = 1 M-Stich Lavendel
[●] = 1 Knötchenstich Grau meliert

Zählmuster 2 zu Modell 4

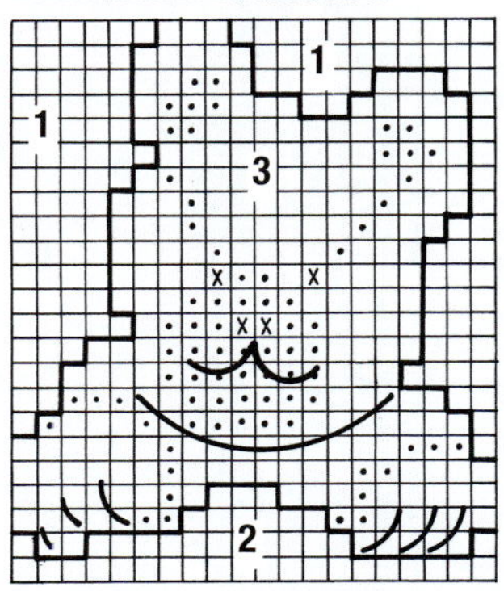

Zählmuster zu Modell 5

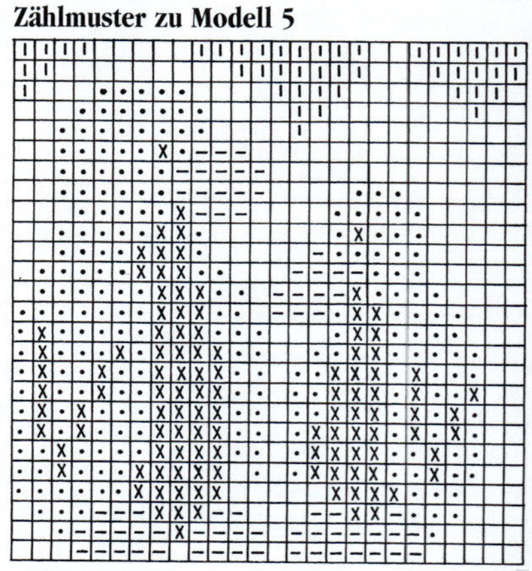

Zeichenerklärung zu Modell 4:

1 = Lavendel
2 = Rauch meliert
3 = Weiß
[•] = 1 M-Stich Camel meliert
[X] = 1 M-Stich Grau meliert

Zählmuster 1 zu Modell 4:

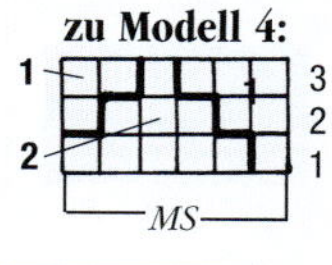

Zeichenerklärung zu Modell 7:

[ ] = M-Grund Weiß-Schwarz meliert
[X] = 1 M-Stich Weiß
[–] = 1 M-Stich Gelb
[•] = 1 M-Stich Schwarz
[I] = 1 M-Stich Lavendel

Söckchen mit Eisbären

Modell 6

Größe: 26/27

Material: ca. 60 g Lavendel Fb 1988, je ein Rest Weiß Fb 600, Hellblau Fb 1945, Grau meliert Fb 44 und Camel meliert Fb 17: Qual Regia 4-fädig (75 % Schurwolle, 25 % Polyamid, LL = 210 m/50 g) von SCHACHENMAYR. Prym-N-Spiel Nr 3.

Gl re: Hin-R re M, Rück-R li M; in Rd nur re M

Gl li: In Rd nur li M

Kr re: Hin- und Rück-R re M

Streifenfolge, Gl re: *2 Rd Weiß, 1 Rd Camel meliert, 6 Rd Lavendel, ab * wdh

Eisbären: Nachträglich gemäß Zählmuster 1 und 2 im M-Stich aufsticken.

Maschenprobe, gl re: 30 M + 42 R = 10 x 10 cm

Ausführung: Anschlag je 48 M in Weiß (= 12 M pro N) und für den Rollrand 6 Rd gl li str. Anschließend gl re 10 Rd Lavendel, 24 Rd Hellblau und 12 Rd Lavendel str, dann mit der Ferse in Lavendel beginnen. Die Socken nach den allgemeinen Strumpfregeln auf Seite 10-12 weiterstr, dabei die äußeren je 3 M der Fersenwand kr re str und die Zwickelabnahmen in jeder 3. Rd ausführen. Nach der Ferse lt Streifenfolge weiterarb und nach 14 cm ab Fersenmitte mit der Bandspitze in Hellblau beginnen, dabei die Abnahmen noch 2 x in jeder 3. Rd, 3 x in jeder 2. Rd, dann in jeder Rd wdh.

Fertigstellung: Außen auf den Schaft je einen Eisbären sticken, bei der re Socke lt Zählmuster 1, bei der li Socke lt Zählmuster 2. Die Konturen mit grau melierten Stielstichen arb.

Für kleine Füßchen

Baby-Söckchen

Modelle 7 + 8

Größen: 3–6 Monate

Material: Für die unifarbenen Söckchen ca. 50 g Lavendel Fb 1988: Qual Regia 4-fädig (75 % Schurwolle, 25 % Polyamid, LL = 210 m/50 g); für die geringelten Söckchen ca. 50 g Weiß Fb 600 und je 1 Rest Rot Fb 2054 und Tanne Fb 327: Qual Regia 4-fädig Linien Color (75 % Schurwolle, 25 % Polyamid, LL = 210 m/ 50 g), beide Qual von SCHACHENMAYR. Prym-N-Spiel Nr 2,5.
Rippenmuster: 1 M re, 1 M li im Wechsel
Gl re: Hin-R re M, Rück-R li M; in Rd nur re M
Maschenprobe: 30 M + 42 R = 10 x 10 cm
Hinweis: Beide Söckchen werden nach der gleichen Anleitung gestrickt! Bei den geringelten Söckchen den Schaft nach dem roten MA mit 1 Rd rot beginnen und mit 2 Rd rot enden, die ersten 3 Rd der Bandspitze tannengrün str.
Ausführung: Anschlag je 32 M (= 8 M pro N) und für den Schaft 7 cm Rippenmuster str. Dann gl re weiterarb und mit der Ferse beginnen. Die Söckchen nach den allgemeinen Strumpfregeln auf Seite 10-12 weiterstr. Nach 6,5 cm ab Fersenmitte mit der Bandspitze beginnen, dabei die Abnahmen noch 1 x in jeder 3. Rd, 2 x in jeder 2. Rd, dann in jeder Rd wdh.
Fertigstellung: Den Schaft zur Hälfte nach außen schlagen.

Baby-Schühchen in Jaffa

Modell 9

Größe: 0–3 (3–6 Monate)

Material: ca. 50 g Jaffa Fb 1259: Qual Regia 4-fädig (75 % Schurwolle, 25 % Polyamid, LL = 210 m/50 g) von SCHACHENMAYR. Prym-N-Spiel Nr 2,5.
Kr re: Hin- und Rück-R re M; in Rd abwechselnd je 1 Rd re und li M
Gl re: in Rd nur re M
Maschenprobe, gl re: 30 M + 42 R = 10 x 10 cm
Ausführung: Anschlag je 36 M = 9 M pro N (40 M = 10 M pro N) und für den Schaft 6 Rd kr re und weiter gl re str. Nach 4 cm Gesamthöhe für den Kordeldurchzug 1 Loch-Rd (= 2 M re zusstr, 1 U im Wechsel) arb und in der folg Rd alle M und U re str. Anschließend für das Fußblatt über die mittl 12 M der 2. und 3. N in R kr re weiterarb und restl 24 (28) M stilllegen. Nach 4 (4,5) cm = 24 (28) R wieder in Rd weiterstr, dafür zunächst die 12 M des Fußblattes re abstr (= 1. N), aus der Seitenkante 12 (14) M herausstr und 6 (8) M der stillgelegten M re str (= 2. N), 12 M der stillgelegten M re str (= 3. N), restl 6 (8) stillgelegten M re str und aus der anderen Seitenkante 12 (14) M herausstr (= 4. N). Über alle 60 (68) M kr re weiterstr, dabei mit 1 Rd li beginnen. In der 12. (14.) Rd mit der Sohle beginnen, hierfür die ersten 2 M der 1. und 3. N überzogen zusstr (= 1 M re abheben, 1 M re, die abgehobene M überziehen) sowie die letzten 2 M der 1. und 3. N re zusstr. Diese Abnahmen 3 x in jeder 2. Rd wdh = 40 (48) M. Die restl M zur Hälfte gegeneinander legen und im Maschenstich verbinden.
Fertigstellung: Je eine ca. 50 cm lange Kordel drehen und durch die Loch-Rd ziehen. Den Schaft zur Hälfte nach außen schlagen.

Baby-Schühchen in Sittich

Modell 10

Größen: 0–3 (3–6 Monate)

Material: ca. 50 g Sittich Fb 622: Qual Regia 4-fädig (75 % Schurwolle, 25 % Polyamid, LL = 210 m/50 g) von SCHACHENMAYR. Prym-N-Spiel Nr 2,5.
Rippenmuster: 2 M re, 2 M li im Wechsel
Gl re: Hin-R re M, Rück-R li M; in Rd nur re M
Gl li: in Rd nur li M
Zopf über 6 M: 1. + 2. und 4. R: gl re
3. R: 3 M auf 1 Hilfs-N hinter die Arb legen, 3 M re, die M der Hilfs-N re
Die 1.-4. R stets wdh.
Kr re: in Rd abwechselnd je 1 Rd re und li M
Maschenprobe, gl re: 30 M + 42 R = 10 x 10 cm
Ausführung: Anschlag je 36 M = 9 M pro N (40 M = 10 M pro N) und für den Schaft 7 cm Rippenmuster str, dann für den Kordeldurchzug 1 Loch-Rd (= 2 M re zusstr, 1 U im Wechsel) arb und in der folg Rd alle M und U re str. Anschließend für das Fußblatt über die mittl 12 (14) M der 2. und 3. N in R gl re weiterarb, dabei über die mittl 6 M den Zopf str und restl 24 (26) M der Rd stilllegen. Nach 16 (20) R wieder in Rd weiterstr, dafür zunächst die M des Fußblattes re abstr (= 1. N), aus der Seitenkante 12 (14) M herausstr und 6 M der stillgelegten M re str (= 2. N), 12 (14) M der stillgelegten M re str (= 3. N), restl 6 stillgelegten M re str und aus der anderen Seitenkante 12 (14) M herausstr (= 4. N). Über alle 60 (68) M nun 5 Rd gl li, 5 Rd gl re und 5 Rd gl li str, dann die Sohle kr re arb. Hierbei in der 1. Rd wie folgt abnehmen: die ersten 2 M der 1. und 3. N überzogen zusstr (= 1 M re abheben, 1 M re, die abgehobene M überziehen) sowie die letzten 2 M der 1. und 3. N re zusstr. Diese Abnahme 4 (5) x in jeder 2. Rd wdh = 40 (44) M. Die restl M zur Hälfte gegeneinander legen und im Maschenstich verbinden.
Fertigstellung: Je eine ca. 50 cm lange Kordel drehen und durch die Loch-Rd ziehen.

Schnell und effektvoll

Damen- und Herrensocken

Modell 11 und 12

Größe: 38/39 (44/45)

Material: **ca.** 100 g Schwarz/Blau Fb 9095 bzw. ca. 150 g Grau/Blau Fb 9098: Qual Fortissima Colori/Socka Color Mexiko-Denim (75 % Schurwolle, 25 % Polyamid, LL = 210 m/50 g) von SCHOELLER + STAHL. Prym-N-Spiel Nr 2,5 und 3.
Rippenmuster mit N Nr 2,5: 1 M re, 1 M li im Wechsel
Gl re mit N Nr 3: Hin-R re, Rück-R li; in Rd nur re M
Hinweis: Die Streifen- und Musterfolge ergibt sich durch den Multicolor-Effekt des Garns ganz von selbst! Ein Paar Socken stets mit der gleichen Farbstelle im Knäuel beginnen.
Maschenprobe: 30 M + 42 R = 10 x 10 cm
Ausführung: Anschlag je 60 (68) M (= 15 M bzw. 17 M pro N) und 3 cm Rippenmuster str. Dann gl re weiterarb. Nach 17 (22) cm ab Bund mit der Ferse beginnen und die Socken nach den allgemeinen Strumpfregeln auf Seite 10-12 weiterstr. Nach 20 (22,5) cm ab Fersenmitte mit der Bandspitze beginnen.

Multicolor-Kindersocken

Modell 13 und 14

Größe: 24/25 (28/29)

Material: **ca.** 50 g Schwarz/Blau Fb 9095 bzw. ca. 100 g Royal/Grau Fb 9099. Qual Fortissima Colori/Socka Color Mexiko-Denim (75 % Schurwolle, 25 % Polyamid, LL = 210 m/50 g) von SCHOELLER + STAHL. Prym-N-Spiel Nr 2,5 und 3.
Rippenmuster mit N Nr 2,5: 1 M re, 1 M li im Wechsel
Gl re mit N Nr 3: Hin-R re, Rück-R li; in Rd nur re M
Hinweis: Die Streifen- und Musterfolge ergibt sich durch den Multicolor-Effekt des Garns ganz von selbst! Ein Paar Socken stets mit der gleichen Farbstelle im Knäuel beginnen.
Maschenprobe: 30 M + 42 R = 10 x 10 cm
Ausführung: Anschlag je 44 (50) M (= 11 M bzw. 1. + 3. N je 12, 2. + 4. N je 13 M) und 2 cm Rippenmuster str. Dann gl re weiterarb. Nach 7 (10) cm ab Bund mit der Ferse beginnen und die Socken nach den allgemeinen Strumpfregeln auf Seite 10-12 weiterstr. Nach 12,5 (14) cm ab Fersenmitte mit der Bandspitze beginnen.

Jeansblaue Klassiker

Jeanssocken mit Zopfkaros

Modell 15

Größe: 42/43

Material: ca. 100 g Blau meliert Fb 1033 Qual Fortissima/Socka (75 % Schurwolle, 25 % Polyacryl, LL = 210 m/50 g) von SCHOELLER + STAHL. Prym-N-Spiel Nr 2 und 2,5.

Rippenmuster mit N Nr 2: 2 M re, 2 M li im Wechsel

Die folg Muster mit N Nr 2,5 str!

Gl re: Hin-R re, Rück-R li; in Rd nur re M

Gl li: Hin-R li, Rück-R re; in Rd nur li M

Kr re: Hin- und Rück-R re M

Zopfmuster: Lt Strickschrift 3 arb. In den geraden Rd die M stricken, wie sie erscheinen. Die 1.-30. Rd stets wdh.

Streifenmuster: 2 M gl li, 6 M gl re im Wechsel

Maschenprobe, gl re: 31 M + 43 R = 10 x 10 cm

Ausführung: Anschlag je 64 M (= 16 M pro N) und 4 cm Rippenmuster str, dabei in der letzten Rd verteilt 16 M zunehmen = 80 M (= 1. + 4. N je 19 M, 2. + 3. N je 21 M). Dann im Zopfmuster weiterarb. Nach 90 Rd ab Bund über jedem Zopfstreifen 2 M abnehmen = 64 M, dann mit der Ferse beginnen. Die Socken nach den allgemeinen Strumpfregeln auf Seite 10-12 weiterstr, dabei die äußeren je 3 M der Fersenwand kr re str. Nach der Ferse die M der 2. + 3. N im Streifenmuster, die M der 1. + 4. N gl re arb, dabei die Zwickelabnahmen so oft wdh, bis 66 M vorhanden sind. Nach 22 cm ab Fersenmitte auf der 2. + 3. N je 1 M abnehmen (= 16 M pro N) und mit der Bandspitze gl re beginnen, dabei jeweils die dritt- und zweitletzte M der 1. + 3. N überzogen zusstr (= 1 M re abheben, 1 M re, die abgehobene M überziehen) sowie die 2. und 3. M der 2. + 4. N re zusstr. Diese Abnahmen noch 1 x in der 4. Rd, 2 x in jeder 3. Rd, 3 x in jeder 2. Rd, dann in jeder Rd wdh.

Struktursocken in Jeans

Modell 16

Größe: 38/39

Material: ca. 100 g Jeans Fb 1033 Qual Fortissima/Socka (75 % Schurwolle, 25 % Polyacryl, LL = 210 m/50 g) von SCHOELLER + STAHL. Prym-N-Spiel Nr 2 und 2,5.

Rippenmuster mit N Nr 2: 2 M re, 2 M li im Wechsel

Die folg Muster mit N Nr 2,5 str!

Gl re: Hin-R re, Rück-R li; in Rd nur re M

Kr re: Hin- und Rück-R re M

Strukturmuster: Lt Strickschrift 1 arb. In den geraden Rd die M stricken, wie sie erscheinen. Die 1.-16. Rd stets wdh.

Maschenprobe, gl re: 31 M + 43 R = 10 x 10 cm

Ausführung: Anschlag je 64 M (= 16 M pro N) und 4 cm Rippenmuster str. Dann im Strukturmuster weiterarb. Nach 20 cm ab Bund mit der Ferse beginnen und die Socken nach den allgemeinen Strumpfregeln auf Seite 10-12 weiterstr. Dabei die äußeren je 3 M der Fersenwand kr re str. Nach der Ferse die M der 2. + 3. N im Strukturmuster und die M der 1. + 4. N gl re weiterstr. Nach 20 cm ab Fersenmitte mit der Bandspitze beginnen, dabei jeweils die dritt- und zweitletzte M der 1. + 3. N überzogen zusstr (= 1 M re abheben, 1 M re, die abgehobene M überziehen) sowie die 2. und 3. M der 2. + 4. N re zusstr. Diese Abnahmen noch 1 x in der 4. Rd, 2 x in jeder 3. Rd, 3 x in jeder 2. Rd, dann in jeder Rd wdh.

Zopfsocken in Indigo

Modell 17

Größe: 42/43

Material: ca. 100 g Indigo Fb 6610 Qual Fortissima/Socka (45 % Baumwolle, 42 % Schurwolle, 13 % Polyacryl, LL = 210 m/50 g) von SCHOELLER + STAHL. Prym-N-Spiel Nr 2 und 2,5.

Rippenmuster mit N Nr 2: 2 M re, 2 M li im Wechsel

Die folg Muster mit N Nr 2,5 str!

Gl re: Hin-R re, Rück-R li; in Rd nur re M

Gl li: in Rd nur li M

Kr re: Hin- und Rück-R re

Zopfmuster: Lt Strickschrift 2 arb. In den geraden Rd die M stricken, wie sie erscheinen. Die 1.-36. Rd stets wdh.

Streifenmuster: 5 M gl li, 3 M gl re, 5 M gl li, 6 M gl re, 5 M gl li, 3 M gl re, 5 M gl li

Maschenprobe, gl re: 31 M + 43 R = 10 x 10 cm

Ausführung: Anschlag je 64 M (= 16 M pro N) und 4 cm Rippenmuster str, dabei in der letzten Rd verteilt 16 M zunehmen = 80 M (= 20 M Pro N). Dann im Zopfmuster weiterarb. Nach 21 cm ab Bund 16 M abnehmen und über 32 M mit der Ferse beginnen. Die Socken nach den allgemeinen Strumpfregeln auf Seite 10-12 weiterstr, dabei die äußeren je 3 M der Fersenwand kr re str. Nach der Ferse die M der 2. + 3. N im Streifenmuster sowie die M der 1. + 4. N gl li arb, dabei für den Zwickel die M li zusstr. Nach 22 cm ab Fersenmitte mit der Bandspitze gl re beginnen, dabei jeweils die dritt- und zweitletzte M der 1. + 3. N überzogen zusstr (= 1 M re abheben, 1 M re, die abgehobene M überziehen) sowie die 2. und 3. M der 2. + 4. N re zusstr. Diese Abnahmen noch 1 x in der 4. Rd, 2 x in jeder 3. Rd, 3 x in jeder 2. Rd, dann in jeder Rd wdh.

Strickschrift 1

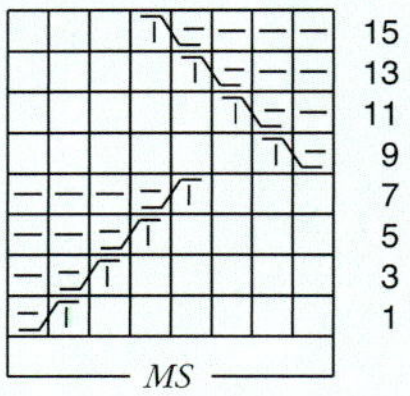

Zeichenerklärung:

= 1 M re

= 1 M li

= 1 M auf 1 Hilfs-N hinter die Arb legen, 1 M re, die M der Hilfs-N li

= 1 M auf 1 Hilfs-N vor die Arb legen, 1 M li, die M der Hilfs-N re

Strickschrift 2

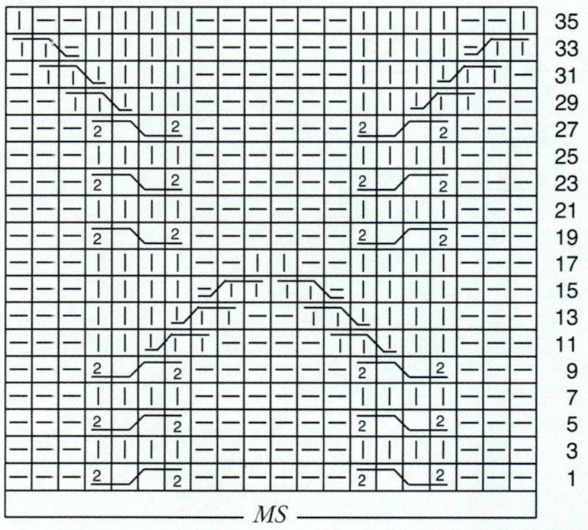

Strickschrift 3

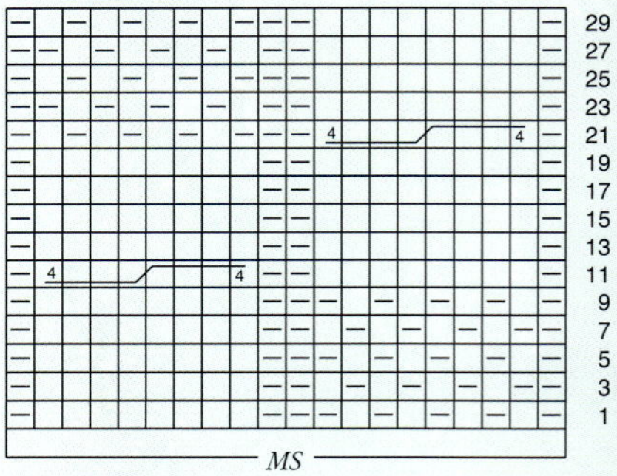

Zeichenerklärung:

= 1 M re

= 1 M li

= 4 M auf 1 Hilfs-N hinter die Arb legen, 4 M re, die M der Hilfs-N re

Zeichenerklärung:

= 1 M re

= 1 M li

= 2 M auf 1 Hilfs-N vor die Arb legen, 2 M re, die M der Hilfs-N re

= 2 M auf 1 Hilfs-N hinter die Arb legen, 2 M re, die M der Hilfs-N re

= 2 M auf 1 Hilfs-N vor die Arb legen, 1 M re, die M der Hilfs-N re

= 1 M auf 1 Hilfs-N hinter die Arb legen, 2 M re, die M der Hilfs-N re

= 2 M auf 1 Hilfs-N vor die Arb legen,1 M li, die M der Hilfs-N re

= 1 M auf 1 Hilfs-N hinter die Arb legen, 2 M re, die M der Hilfs-N li

Ozeanfarben und Meeresmotive

Socken mit Wellen

Modell 18

Größe: 37/38

Material: Je ca. 50 g Royal Fb 540, Lavendel Fb 1988 und Türkis Fb 1255: Qual Regia 4-fädig (75 % Schurwolle, 25 % Polyamid, LL = 210 m/50 g) von SCHACHENMAYR. Prym-N-Spiel Nr 2,5 und 3.
Rippenmuster mit N Nr 2,5: 1 M re, 1 M li im Wechsel
Die folg Muster mit N Nr 3 str!
Gl re: Hin-R re, Rück-R li; in Rd nur re M
Kr re: Hin- und Rück-R re M
Lochmuster in Royal:
1. Rd: re M
2. Rd: *2 M re zusstr, 1 U, ab * wdh
3. + 4. Rd: re M, dabei die U re verschr abstr
Wellenmuster: Gl re lt Zählmuster zu Modell 18 in Norwegertechnik mit mehreren Knäueln arb, dabei den unbenutzten Faden stets locker auf der Arbeitsrückseite mitführen. In der Breite den MS stets wdh, enden mit den M nach dem MS. Dabei an der Sohle (1. + 4. N) stets je 1 M der Musterfarben im Wechsel str, damit keine langen Spannfäden entstehen.
Musterfolge: *4 Rd Lochmuster, 12 Rd Wellenmuster, ab * wdh
Maschenprobe, gl re: 30 M + 42 R = 10 x 10 cm
Ausführung: Anschlag je 60 M in Lavendel (= 15 M pro N) und im Rippenmuster 4 cm in Lavendel und 1 cm in Royal str. Dann lt Musterfolge weiterarb, dabei in der 1. Rd auf der 1. + 4. N je 1 M zunehmen = 62 M. Nach 36 Rd ab Bund auf der 1. + 4. N je 1 M abnehmen und mit der Ferse in Lavendel beginnen. Die Socken nach den allgemeinen Strumpfregeln auf Seite 10-12 weiterstr. Dabei die äußeren je 3 M der Fersenwand kr re str und die Zwickelabnahmen in jeder 3. Rd ausführen. Nach der Ferse in Royal weiterarb, dabei auf der 2. + 3. N nochmals 4 Rd Lochmuster arb, sonst gl re. Nach 18 cm ab Fersenmitte 1 x die 1.-4. bzw. am anderen Socken die 5.-8. Rd Wellenmuster str, dann mit der Bandspitze beginnen, dabei die ersten 3 Rd in Royal und restl Rd in Türkis bzw. Lavendel str. Die Abnahmen noch 1 x in jeder 4. Rd, 2 x in jeder 3. Rd, 3 x in jeder 2. Rd, dann in jeder Rd wdh.

Socken mit Schiff

Modell 19

Größe: 38/39

Material: Je ca. 50 g Lavendel Fb 1988 und Türkis Fb 1255: Qual Regia 4-fädig (75 % Schurwolle, 25 % Polyamid, LL = 210 m/ 50 g) von SCHACHENMAYR. Prym-N-Spiel Nr 2,5 und 3.
Rippenmuster mit N Nr 2,5: 1 M re, 1 M li im Wechsel
Die folg Muster mit N Nr 3 str!
Gl re: Hin-R re, Rück-R li; in Rd nur re M
Kr re: Hin- und Rück-R re M
Jacquardmuster: Gl re lt Zählmuster zu Modell 19 in Norwegertechnik mit mehreren Knäueln arb, dabei den unbenutzten Faden stets locker auf der Arbeitsrückseite mitführen.
Wellenmuster: Lt Strickschrift arb. Die 1.-4. Rd stets wdh, dabei nach 7 Höhenrapporten zwischen den Wellen je 1 Rd mehr gl re str.
Maschenprobe, gl re: 30 M + 42 R = 10 x 10 cm
Ausführung: Anschlag je 60 M in Lavendel (= 15 M pro N) und im Rippenmuster 8 Rd Lavendel, 2 Rd Türkis, je 1 Rd Lavendel, Türkis, Lavendel, 2 Rd Türkis und 8 Rd Lavendel str. Dann das Jacquardmuster 1 x von Pfeil A bis B und 1 x gegengl von Pfeil C bis D arb. Nach 29 Rd ab Bund mit der Ferse in Lavendel beginnen und die Socken nach den allgemeinen Strumpfregeln auf Seite 10-12 weiterstr. Dabei die äußeren je 3 M der Fersenwand kr re str und die Zwickelabnahmen in jeder 3. Rd ausführen. Nach der Ferse in Türkis weiterstr, dabei die M der 2. + 3. N im Wellenmuster und die M der 1. + 4. N gl re arb. Nach 19 cm ab Fersenmitte 1 x die 2. + 4. Rd des Wellenmusters str, dabei statt den li M gl re in Royal arb. Dann mit der Bandspitze in Lavendel beginnen, dabei die Abnahmen noch 1 x in der 4. Rd, 2 x in jeder 3. Rd, 3 x in jeder 2. Rd, dann in jeder Rd wdh.

Zählmuster zu Modell 19

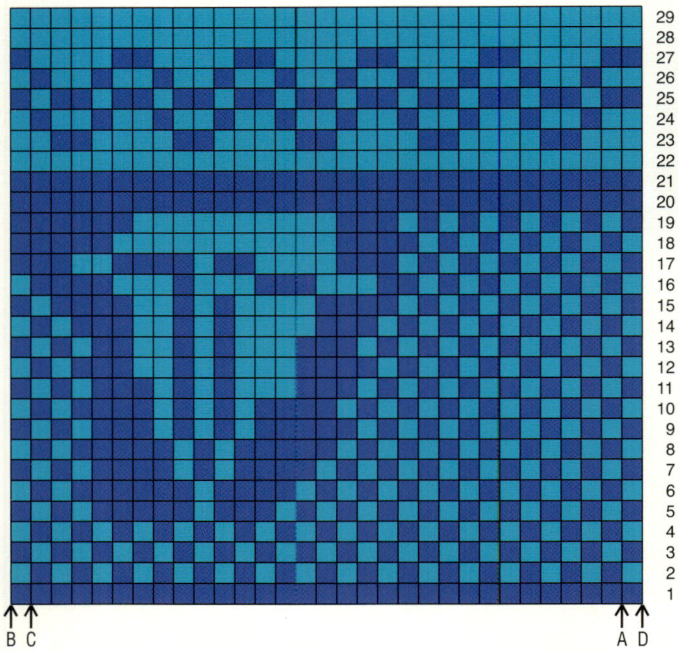

Zeichenerklärung: 1 Kästchen = 1 M + 1 R
= Kornblume
= Minze
= 1 M re
= 1 M li

Zählmuster zu Modell 18

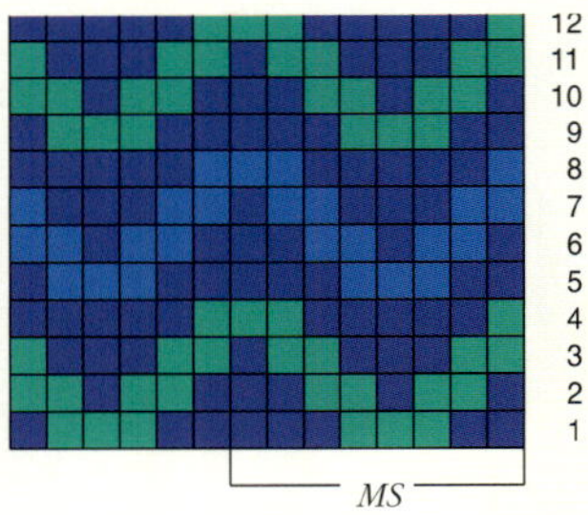

Zeichenerklärung zu Modell 18:
1 Kästchen = 1 M + 1 Rd
= Royal
= Türkis
= Lavendel

Strickschrift zu Modell 19

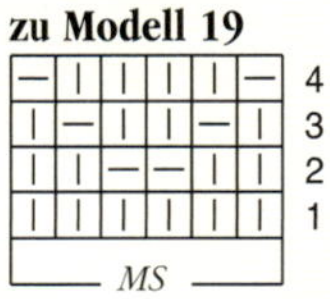

Zählmuster zu Modell 20

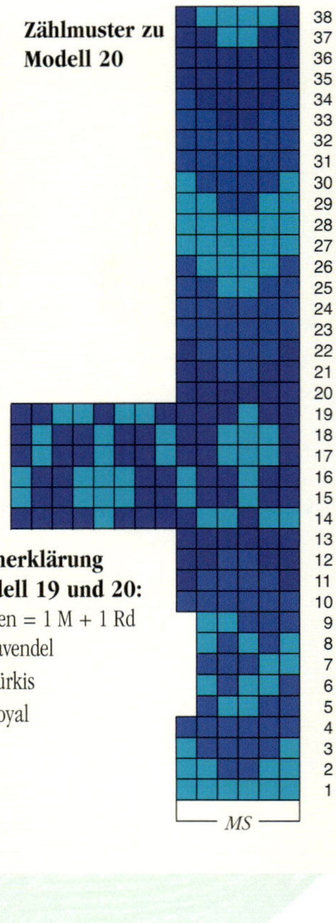

Zeichenerklärung zu Modell 19 und 20:
1 Kästchen = 1 M + 1 Rd
= Lavendel
= Türkis
= Royal

Jacquard-Kindersocken

Modell 20

Größe: 28/29

Material: Je ca. 50 g Türkis Fb 1255, Royal Fb 540 und Lavendel Fb 1988: Qual Regia 4-fädig (75 % Schurwolle, 25 % Polyamid, LL = 210 m/50 g) von SCHACHENMAYR. Prym-N-Spiel Nr 2,5 und 3.

Rippenmuster mit N Nr 2,5: 1 M re, 1 M li im Wechsel

Die folg Muster mit N Nr 3 str!

Gl re: Hin-R re, Rück-R li; in Rd nur re M

Kr re: Hin- und Rück-R re M

Jacquardmuster: Gl re lt Zählmuster zu Modell 20 in Norwegertechnik mit mehreren Knäueln arb, dabei den unbenutzten Faden stets locker auf der Arbeitsrückseite mitführen. In der Breite den gezeichneten MS stets wdh. In der Höhe 1 x die 1.-26. Rd arb, dann die 27.-38. Rd 3 x wdh, weiter in Türkis. Dabei an der Sohle (1. + 4. N) stets je 1 M der Musterfarben im Wechsel str, damit keine langen Spannfäden entstehen.

Maschenprobe, gl re: 30 M + 42 R = 10 x 10 cm

Ausführung: Anschlag je 48 M in Türkis (12 M pro N) und 5 cm im Rippenmuster str. Dann im Jacquardmuster weiterarb. Nach 26 Rd ab Bund mit der Ferse in Türkis beginnen und die Socken nach den allgemeinen Strumpfregeln auf Seite 10-12 weiterstr. Dabei die äußeren je 3 M der Fersenwand kr re str und die Zwickelabnahmen in jeder 3. Rd ausführen. Nach der Ferse das Jacquardmuster fortsetzen. Nach 14 cm ab Fersenmitte mit der Bandspitze beginnen, dabei die Abnahmen noch 2 x in jeder 3. Rd, 3 x in jeder 2. Rd, dann in jeder Rd wdh.

Kinder-Wohlfühl-Socken

Socken mit Häkellocken

Modell 21

Größe: 38/39

Material: ca. 100 g Graublau meliert Fb 1980 und ca. 50 g Natur Fb 1992: Qual Regia 6-fädig (75 % Schurwolle, 25 % Polyamid, LL = 125 m/50 g), ca. 50 g Jeans meliert Fb 2137: Qual Regia 8-fädig (75 % Schurwolle, 25 % Polyamid, LL = 100 m/50 g) von SCHACHENMAYR. Prym-N-Spiel Nr 3,5 und 3.
Gl re: Hin-R re M, Rück-R li M; in Rd nur re M
Kr re: Hin- und Rück-R re M
Streifenmuster:
1. + 3. Rd: Natur – re M
2. Rd: Jeans meliert – re M
4. Rd: Graublau meliert – re M
5. Rd: Graublau meliert – 1 M li und 3 M re im Wechsel
6.-11. Rd: die 4. und 5. Rd wdh
Die **1.-11. Rd** stets wdh.
Häkellocken: *1 KettM, 8 Lftm und 1 Wende-Lftm, in jede Lftm 2 fM, 1 M des Anschlags übergehen, 2 KettM, ab * stets wdh, dabei abwechselnd je 1 Locke in Natur und Jeans meliert arb, die KettM stets mit beiden Fb häkeln.
Maschenprobe, gl re mit Qual Regia 6-fädig: 22 M + 30 R = 10 x 10 cm
Ausführung: Anschlag je 48 M in Graublau meliert (= 12 M pro N) und für den Bund 10 Rd gl re str, dann im Streifenmuster weiterarb. Nach 51 Rd ab Bund mit der Ferse in Natur beginnen und die Socken nach den allgemeinen Strumpfregeln auf Seite 10-12 weiterstr. Dabei die äußeren je 3 M der Fersenwand kr re str und für die Zwickelabnahmen in jeder 3. Rd die letzten 2 M der 1. N re verschr zusstr sowie die ersten 2 M der 4. N re zusstr. Nach der Ferse das Streifenmuster fortsetzen, jedoch die M der 1. und 4. N gl re str. Nach 20 cm ab Fersenmitte mit der Bandspitze in Natur oder Jeans meliert beginnen, dabei die Abnahmen noch 1 x in der 3. Rd, 4 x in jeder 2. Rd, dann in jeder Rd wdh.
Fertigstellung: Den Anschlagrand mit den Häkellocken behäkeln, dann den oberen Bund zur Hälfte nach außen schlagen und annähen.

Strümpfe mit Karobund

Modell 22

Größe: 32/33

Material: ca. 100 g Hellblau Fb 1945, je ca. 50 g Lavendel Fb 1988, Marine Fb 324 und Weiß Fb 600: Qual Regia 4-fädig (75 % Schurwolle, 25 % Polyamid, LL = 210 m/50 g) von SCHACHENMAYR. Prym-N-Spiel Nr 4.
Gl re: Hin-R re M, Rück-R li M; in Rd nur re M
Kr re: Hin- und Rück-R re M
Karomuster: Gl re lt Zählmuster str. Die senk rechten Linien nachträglich im M-Stich aufsticken.
Strukturmuster: Lt Strickschrift arb. Die 1.-8. Rd stets wdh.
Maschenprobe, gl re doppfädig: 20 M + 28 R = 10 x 10 cm
Hinweis: Die Qual Regia 4-fädig stets doppfädig verarbeiten!
Ausführung: Anschlag je 42 M in Marine (= 1. + 3. N je 11 M, 2. + 4. N je 10 M) und für den Bund in Marine je 1 Rd li M, re M und li M, 13 Rd Karomuster und in Marine je 1 Rd re M, li M, re M und li M str. Dann im Strukturmuster in Hellblau weiterarb, dabei in der 1. Rd auf der 1. und 3. N je 1 M abnehmen = 40 M (= 10 M pro N). Nach 13 cm ab Bund die letzte M der 3. N auf die 4. N nehmen und über 21 M mit der Ferse in Lavendel beginnen. Die Socken nach den allgemeinen Strumpfregeln auf Seite 10-12 weiterstr. Dabei die äußeren je 3 M der Fersenwand kr re str und für die Zwickelabnahmen in jeder 3. Rd die letzten 2 M der 1. N re verschr zusstr sowie die ersten 2 M der 4. N re zusstr, bis insgesamt 38 M vorhanden sind. Nach der Ferse die mittl 17 M der 2. und 3. N im Strukturmuster und restl M gl re weiterarb. Nach 17 cm ab Fersenmitte mit der Bandspitze in Marine oder Weiß beginnen, dabei die Abnahmen noch 1 x in der 3. Rd, 3 x in jeder 2. Rd, dann in jeder Rd wdh.
Fertigstellung: Das Karomuster fertig besticken.

Strümpfe mit Sternbordüre

Modell 23

Größe: 32/33

Material: ca. 100 g Lavendel Fb 1988, je ca. 50 g Marine Fb 324 und Weiß Fb 600: Qual Regia 4-fädig (75 % Schurwolle, 25 % Polyamid, LL = 210 m/50 g), ein Rest Sahara color Fb 1900: Qual Regia 4-fädig Color (75 % Schurwolle, 25 % Polyamid, LL = 210 m/50 g), beide Qual von SCHACHENMAYR. Prym-N-Spiel Nr 4.
Gl re: Hin-R re M, Rück-R li M; in Rd nur re M
Kr re: Hin- und Rück-R re M
Sternbordüre: Gl re lt Zählmuster in Norwegertechnik mit mehreren Knäueln arb, dabei den unbenutzten Faden stets locker auf der Arbeitsrückseite mitführen. In der Breite mit den M vor dem MS beginnen, den MS stets wdh und die Rd mit den M nach dem MS beenden.
Strukturmuster: Lt Strickschrift arb. Die 1.-14. Rd 1 x arb, dann die 3.-14. Rd stets wdh.
Maschenprobe, gl re doppfädig: 20 M + 28 R = 10 x 10 cm
Hinweis: Die Qual Regia 4-fädig stets doppfädig verarbeiten!
Ausführung: Anschlag je 44 M in Marine im Kreuzanschlag und für den Bund 15 Rd Sternbordüre str. Dann im Strukturmuster in Lavendel weiterarb, dabei in der 1. Rd auf der 2. und 3. N je 1 M abnehmen = 42 M. Nach 14 cm ab Bund mit der Ferse in Marine beginnen und die Socken nach den allgemeinen Strumpfregeln auf Seite 10-12 weiterstr. Dabei die äußeren je 3 M der Fersenwand kr re str und für die Zwickelabnahmen in jeder 3. Rd die letzten 2 M der 1. N re verschr zusstr sowie die ersten 2 M der 4. N re zusstr. Nach der Ferse die M der 1. und 4. N gl re sowie die M der 2. und 3. N im Strukturmuster weiterarb. Nach 17 cm ab Fersenmitte mit der Bandspitze in Marine beginnen, dabei die Abnahmen noch 1 x in der 3. Rd, 3 x in jeder 2. Rd, dann in jeder Rd wdh.

Zählmuster zu Modell 22

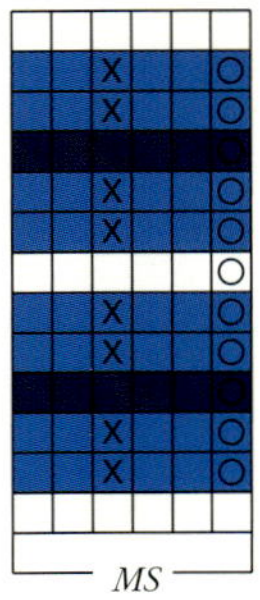

Strickschrift

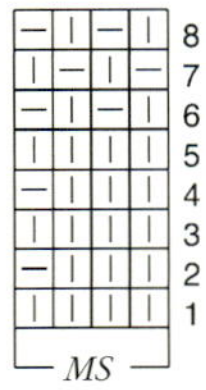

Zeichenerklärung:
1 Kästchen = 1 M + 1 Rd
☐ = Weiß
■ = Lavendel
■ = Marine
◯ = 1 M-Stich in Weiß
☒ = 1 M-Stich in Marine
| = 1 M re
– = 1 M li

Strickschrift zu Modell 23

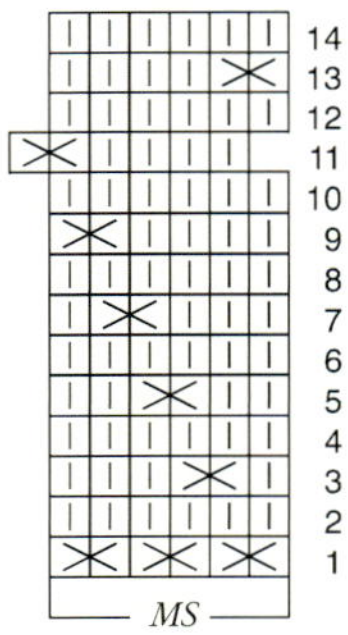

Zeichenerklärung:
1 Kästchen = 1 M + 1 Rd
■ = Marine
☐ = Weiß
| = 1 M re
✕ = durch die 1. M stechen und die 2. M re str, dann die 1. M re verschr abstr

Zählmuster

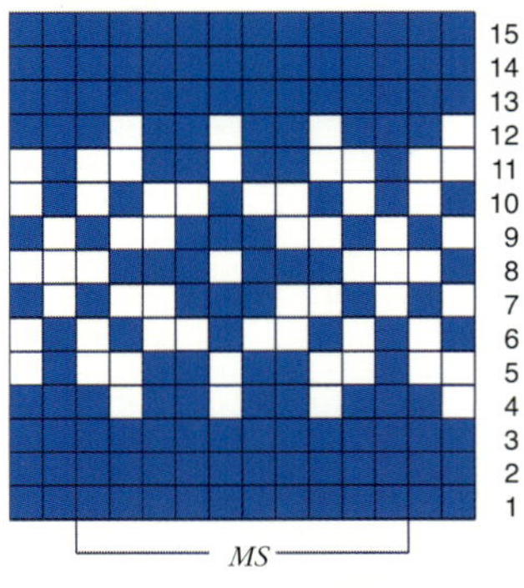

Karos für sie und ihn

Streifen-Socken
Modell 24

Größe: 44/45

Material: ca. je 50 g Blau-Beige meliert Fb 1218, Jeans Fb 1309, Beige Fb 1301 und Blau Fb 1136: Qual Meilenweit (80 % Schurwolle, 20 % Polyamid, LL = 210 m/50 g), von LANA GROSSA. Prym-N-Spiel Nr 2,5 und 3.
Rippenmuster mit N Nr 2,5: 1 M re, 1 M li im Wechsel
Die folg Muster mit N Nr 3 str!
Gl re: Hin-R re, Rück-R li; in Rd nur re M
Streifenmuster: je 4 M Beige und Jeans im Wechsel. In Norwegertechnik mit mehreren Knäulen arb, dabei den unbenutzten Faden stets locker auf der Arbeitsrückseite mitführen.
Maschenprobe: 28 M + 40 R = 10 x 10 cm
Ausführung: Anschlag je 64 M in Blau (= 16 M pro N) und 4 cm Rippenmuster str, dann gl re wie folgt weiterarb: 12 Rd Streifenmuster, 20 Rd Blau-Beige meliert, 12 Rd Streifenmuster, weiter in Blau-Beige meliert. Nach 16 cm ab Bund mit der Ferse in Blau beginnen und die Socken nach den allgemeinen Strumpfregeln auf Seite 10-12 weiterstr. Nach der Ferse gl re wie folgt weiterarb: *10 Rd Blau-Beige meliert und 10 Rd Streifenmuster, ab * 2 x wdh, weiter in Blau. Nach 22,5 cm ab Fersenmitte mit der Bandspitze beginnen.

Karo-Socken
Modell 25

Größe: 44/45

Material: ca. je 50 g Blau-Beige meliert Fb 1218, Jeans Fb 1309, Beige Fb 1301 und Blau Fb 1136: Qual Meilenweit (80 % Schurwolle, 20 % Polyamid, LL = 210 m/50 g) von LANA GROSSA. Prym-N-spiel Nr 2,5 und 3.
Rippenmuster mit N Nr 2,5: 1 M re, 1 M li im Wechsel
Die folg Muster mit N Nr 3 str!
Gl re: Hin-R re, Rück-R li; in Rd nur re M
Karomuster:
1.-6. Rd: je 4 M Blau-Beige meliert und Blau im Wechsel
7.-12. Rd: je 4 M Blau und Beige im Wechsel
Die 1.-12. Rd stets wdh. In Norwegertechnik mit mehreren Knäueln arb, dabei den unbenutzten Faden stets locker mitführen.
Maschenprobe, gl re: 28 M + 40 R = 10 x 10 cm
Ausführung: Anschlag je 64 M in Jeans (= 16 M pro N) und 3 cm Rippenmuster str, dann gl re im Karomuster weiterarb. Nach 60 Rd ab Bund mit der Ferse in Jeans beginnen und die Socken nach den allgemeinen Strumpfregeln auf Seite 10-12 weiterstr. Nach der Ferse gl re das Karomuster fortsetzen. Nach 22,5 cm ab Fersenmitte mit der Bandspitze in Jeans beginnen.

Streifen-Karo-Socken
Modell 26

Größe: 38/39

Material: ca. je 50 g Hellblau Fb 1292, Jeans Fb 1309, Anthrazit Fb 1104 und Hellgrau Fb 1102: Qual Meilenweit (80 % Schurwolle, 20 % Polyamid, LL = 210 m/50 g von LANA GROSSA. Prym-N-Spiel Nr 2,5 und 3.
Gl re: Hin-R re, Rück-R li; in Rd nur re M
Karomuster: 1.-5. Rd: je 5 M Hellblau und Jeans im Wechsel
6.-10. Rd: je 4 M Jeans und Hellblau im Wechsel.
Die 1.-10. Rd wdh. In Norwegertechnik mit mehreren Knäueln arb, dabei den unbenutzten Faden stets locker mitführen.
Maschenprobe, gl re: 28 M + 40 R = 10 x 10 cm
Ausführung: Anschlag je 60 M in Jeans (= 15 M pro N) mit N Nr 2,5 und 1 Rd li M str, dann gl re 15 Rd im Karomuster arb. Nun mit N Nr 3 gl re je 8 Rd Anthrazit, Hellgrau, Hellblau, Jeans und weiter in Hellblau str. Nach 15 cm ab Anschlag mit der Ferse in Anthrazit beginnen und die Socken nach den allgemeinen Strumpfregeln auf Seite 10-12 weiterstr. Nach der Ferse gl re zunächst 15 Rd Hellblau, je 8 Rd Jeans, Hellblau, Hellgrau und Anthrazit sowie 10 Rd Karomuster, dann in Hellblau enden. Nach 20 cm ab Fersenmitte mit der Bandspitze beginnen.

Hellblaue Karo-Socken
Modell 27

Größe: 38/39

Material: ca. je 50 g Hellblau Fb 1292, Hellgrau Fb 1102, Anthrazit Fb 1104 und ein Rest Jeans Fb 1309: Qual Meilenweit (80 % Schurwolle, 20 % Polyamid, LL = 210 m/50 g) von LANA GROSSA. Prym-N-Spiel Nr 2,5 und 3.
Rippenmuster mit N Nr 2,5: 1 M re, 1 M li im Wechsel
Die folg Muster mit N Nr 3 str!
Gl re: Hin-R re, Rück-R li; in Rd nur re M
Streifenfolge: 12 Rd Hellblau, je 13 Rd Anthrazit, Hellblau, Anthrazit, *je 10 Rd Hellblau und Hellgrau, ab * stets wdh
Maschenprobe: 28 M + 40 R = 10 x 10 cm
Ausführung: Anschlag je 60 M in Hellblau (= 15 M pro N) und 3 cm Rippenmuster str, dann gl re lt Streifenfolge weiterarb. Nach 51 Rd ab Bund mit der Ferse in Hellblau beginnen und die Socken nach den allgemeinen Strumpfregeln auf Seite 10-12 weiterstr. Nach der Ferse die Streifenfolge fortsetzen und nach 20 cm ab Fersenmitte mit der Bandspitze in Hellblau beginnen.
Fertigstellung: Die Karos in Jeans mit KettM aufsticken: die waagerechten Linien jeweils in die Mitte der hellblauen Streifen, die 1. senkrechte Linie in der vorderen Mitte, die folg im Abstand von je 11 M. An der Sohle keine senkrechten Linien arb.

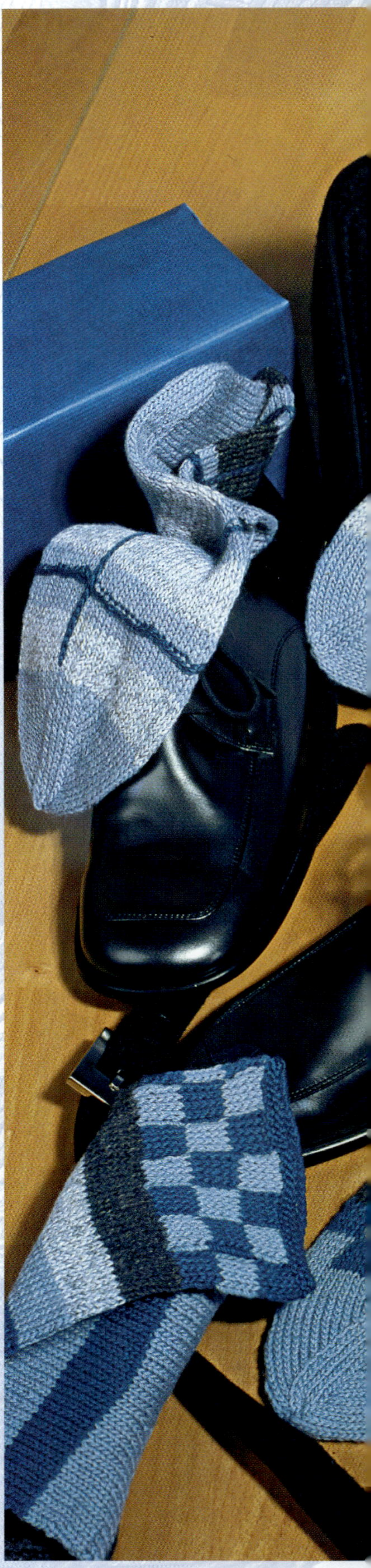

Flagge zeigen

Kindersocken-Amerika

Modell 28

Größe: 28/29

Material: Je ca. 50 g Weiß Fb 600, Royal Fb 540 und Rot Fb 2054: Qual Regia 4-fädig (75 % Schurwolle, 25 % Polyamid, LL = 210 m/50 g) von SCHACHENMAYR. Prym-N-Spiel Nr 3.
Rippenmuster: 1 M re, 1 M li im Wechsel
Gl re: Hin-R re, Rück-R li; in Rd nur re M
Kr re: Hin- und Rück-R re M
Einstrickmuster: Gl re lt Zählmuster zu Modell 28 in Norwegertechnik mit mehreren Knäueln arb, dabei den unbenutzten Faden stets locker auf der Arbeitsrückseite mitführen. Die 1.-9. Rd stets wdh.
Streifenfolge: *2 Rd Weiß, 2 Rd Rot, ab * wdh
Maschenprobe, gl re: 30 M + 42 R = 10 x 10 cm
Ausführung: Anschlag je 48 M in Royal (= 12 M pro N) und 1 cm Rippenmuster str. Danach 27 Rd Einstrickmuster und 1 Rd li M in Royal arb, dann gl re lt Streifenfolge weiterarb. Nach 11 cm ab Bund mit der Ferse in Weiß beginnen und die Socken nach den allgemeinen Strumpfregeln auf Seite 10-12 weiterstr. Dabei die äußeren je 2 M der Fersenwand kr re str. Nach der Ferse die Streifenfolge fortsetzen. Nach 14 cm ab Fersenmitte mit der Bandspitze in Weiß beginnen.

Kindersocken-Kanada

Modell 29

Größe: 31/32

Material: Je ca. 50 g Rot Fb 2054 und Weiß Fb 600: Qual Regia 4-fädig (75 % Schurwolle, 25 % Polyamid, LL = 210 m/50 g) von SCHACHENMAYR. Prym-N-Spiel Nr 3.
Gl re: Hin-R re, Rück-R li; in Rd nur re M
Kr re: Hin- und Rück-R re M; in Rd 1 Rd re und 1 Rd li im Wechsel
Ahornblatt: Nachträglich lt Zählmuster zu Modell 29 im M-Stich aufsticken.
Maschenprobe, gl re: 30 M + 42 R = 10 x 10 cm
Ausführung: Anschlag je 57 M in Weiß und den Umschlag in offener Arb wie folgt str: in Weiß 4 R kr re, dann 25 R: 18 M Rot, 21 M Weiß und 18 M Rot. Dabei mit mehreren Knäueln arb und beim Farbwechsel die Fd auf der Rückseite miteinander verkreuzen. Dei Arb zur Rd schließen, sodass die Naht in der hinteren Mitte liegt, dabei die Rdm und verteilt noch 3 M abnehmen = 52 M (= 13 M pro N). Nun die Arb umstülpen und gl re in Rot weiterarb. Nach 13 cm ab Umschlag noch 4 Rd in Weiß str, dann mit der Ferse in Rot beginnen und die Socken nach den allgemeinen Strumpfregeln auf Seite 10-12 weiterstr, dabei die äußeren je 2 M der Fersenwand kr re str. Nach der Ferse gl re je 10 Rd Rot und 4 Rd Weiß im Wechsel arb. Nach 16 cm ab Fersenmitte mit der Bandspitze in Rot beginnen.
Fertigstellung: Die offene Naht am Umschlag schließen, den Umschlag nach außen schlagen und das Ahornblatt auf die weiße Fläche sticken.

Socken-England

Modell 30

Größe: 35/36

Material: Je ca. 50 g Royal Fb 540, Weiß Fb 600 und Rot Fb 2054: Qual Regia 4-fädig (75 % Schurwolle, 25 % Polyamid, LL = 210 m/50 g) von SCHACHENMAYR. Prym-N-Spiel Nr 3.
Gl re: Hin-R re, Rück-R li; in Rd nur re M
Kr re: Hin- und Rück-R re M; in Rd 1 Rd re und 1 Rd li im Wechsel
Einstrickmuster: Gl re lt Zählmuster zu Modell 30 in Norwegertechnik mit mehreren Knäueln arb, dabei den unbenutzten Faden stets locker auf der Arbeitsrückseite mitführen.
Maschenprobe, gl re: 30 M + 42 R = 10 x 10 cm
Ausführung: Anschlag je 63 M in Weiß (= 1.-3. N 16 M, 4. N 15 M) und den Umschlag wie folgt str: in Weiß 2 Rd kr re, in Rot 2 Rd gl re, 16 Rd Einstrickmuster, in Rot 2 Rd gl re und in Weiß 2 Rd kr re. Nun die Arb umstülpen und gl re weiterarb, dabei in der 1. Rd verteilt 7 M abnehmen = 56 M (= 14 M pro N): zunächst 13 cm in Royal, dann je 4 Rd in Weiß und Rot. Nun mit der Ferse in Rot beginnen und die Socken nach den allgemeinen Strumpfregeln auf Seite 10-12 weiterstr, dabei die äußeren je 2 M der Fersenwand kr re str. Nach der Ferse in Royal weiterarb. Nach 15 cm ab Fersenmitte noch je 4 Rd in Rot, Weiß und Royal arb, dann mit der Bandspitze in Rot beginnen.
Fertigstellung: Den Umschlag nach außen schlagen.

Zählmuster zu Modell 28

Zeichenerklärung:
1 Kästchen = 1 M + 1 Rd
■ = Royal
□ = Weiß

Zeichenerklärung zu Modell 29:
1 Kästchen = 1 M + 1 Rd
□ = Weiß
☒ = Rot

Zählmuster zu Modell 29

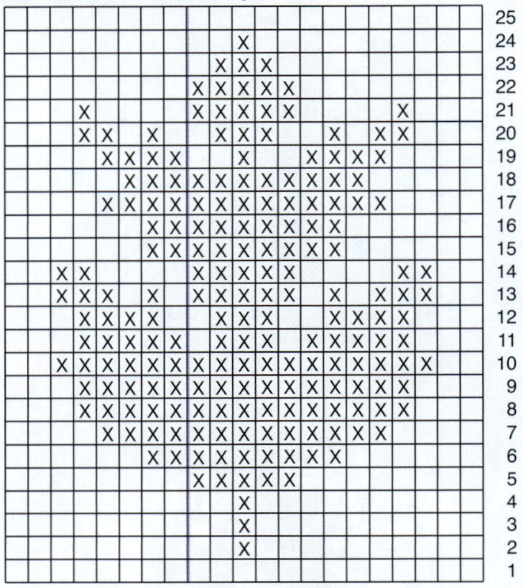

Zeichenerklärung:
1 Kästchen = 1 M + 1 Rd
■ = Royal
■ = Rot

Zählmuster zu Modell 30

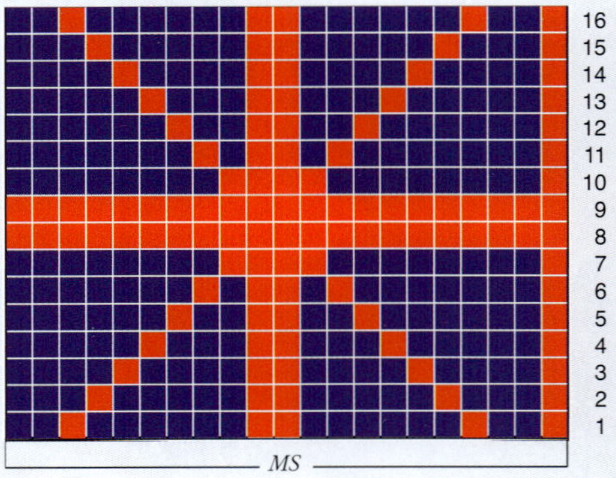

Hier wird's sportlich

Sportsocken mit Reißverschluss
Modell 31

Größe: 38/39

Material: Je ca. 50 g Schwarz Fb 99 und Hellgrau Fb 95: Qual Regia 4-fädig Stretch (70 % Schurwolle, 23 % Polyamid, 7 % Polyester, LL = 200 m/50 g), ca. 50 g Jaffa Fb 1259: Qual Regia 4-fädig (75 % Schurwolle, 25 % Polyamid, LL = 210 m/50 g), beide Qual von SCHACHENMAYR. Prym-N-Spiel Nr 2 bis 3. Von PRYM 6 Nieten mit 9 mm Durchmesser. Zwei Reißverschlüsse 10 cm lang von OPTI.
Rippenmuster: 1 M re, 1 M li im Wechsel
Gl re: Hin-R re, Rück-R li; in Rd nur re M
Kr re: Hin- und Rück-R re M
Streifenmuster: Gl re mit mehreren Knäueln arb, beim Farbwechsel die Fäden auf der Arbeitsrückseite miteinander verkr.
1.-3. R: Rdm, 30 M Schwarz, *5 M Grau, 5 M Schwarz, ab * 2 x wdh, Rdm
4.-9. R: Rdm, 30 M Jaffa, *5 M Grau, 5 M Schwarz, ab * 2 x wdh
10.-15. R: Rdm, 30 M Schwarz, *5 M Grau, 5 M Schwarz, ab * 2 x wdh, Rdm
Die 4.-15. R stets wdh.
Maschenprobe, gl re: 30 M + 42 R = 10 x 10 cm
Ausführung, re Socke: Anschlag 62 M in Jaffa und zunächst in offener Arb wie folgt str: für den Bund 2 R gl re und in Grau 1,5 cm Rippenmuster. Dann im Streifenmuster weiterarb. Nach 36 R ab Bund die Arb zur Rd schließen, sodass der Schlitz zwischen der 1. + 2. N liegt und die Rdm abnehmen = 60 M (= 15 M pro N). Noch 2 Rd gl re in Schwarz arb, dann mit der Ferse in Jaffa beginnen und die Socken nach den allgemeinen Strumpfregeln auf Seite 10-12 weiterstr. Dabei die äußeren je 3 M der Fersenwand kr re str. Nach der Ferse in Schwarz gl re weiterarb, dabei nach 16 cm ab Fersenmitte 2 Rd Jaffa, 6 Rd Schwarz, 2 Rd Jaffa, 6 Rd Schwarz und 2 Rd Jaffa str, dann mit der Bandspitze in Grau beginnen, dabei die Abnahmen noch 1 x in der 4. Rd, 2 x in jeder 3. Rd, 3 x in jeder 2. Rd, dann in jeder Rd wdh.
Die li Socke gegengl arb, d.h. das Streifenmuster gegengl aufteilen, sodass der Schlitz zwischen der 3. + 4. N liegt.
Fertigstellung: Reißverschluss in den Schlitz nähen und auf dem mittl jaffafarbenen Streifen je 3 Nieten anbringen, siehe Foto

Sportsocken mit Nieten
Modell 32

Größe: 34/35

Material: Je ca. 50 g Schwarz Fb 99 und Grau Fb 95: Qual Regia 4-fädig Stretch (70 % Schurwolle, 23 % Polyamid, 7 % Polyester, LL = 200 m/50 g), je ca. 50 g Jaffa Fb 1259 und Gras Fb 1254: Qual Regia 4-fädig (75 % Schurwolle, 25 % Polyamid, LL = 210 m/50 g), beide Qual von SCHACHENMAYR. Prym-N-Spiel Nr 2 bis 3. Von PRYM 12 Nieten mit 9 mm Durchmesser
Rippenmuster: 2 M re, 2 M li im Wechsel
Gl re: Hin-R re, Rück-R li; in Rd nur re M
Kr re: Hin- und Rück-R re M
Streifenmuster: Gl re mit mehreren Knäueln arb, beim Farbwechsel die Fäden auf der Arbeitsrückseite miteinander verkr.
1.-10. R: Rdm, *8 M Schwarz, 4 M Grau, 4 M Schwarz, 4 M Grau und 8 M Schwarz, ab * 1 x wdh, Rdm
11.-15. R: Rdm, *8 M Gras, 4 M Grau, 4 M Gras, 4 M Grau und 8 M Gras, ab * 1 x wdh, Rdm
16.-38 R: wie 1.-10. R
Maschenprobe, gl re: 30 M + 42 R = 10 x 10 cm
Ausführung: Anschlag je 58 M in Jaffa und zunächst in offener Arb wie folgt str: für den Bund 2 R gl re und in Schwarz 2 cm Rippenmuster. Dann im Streifenmuster weiterarb. Nach 38 Rd ab Bund die Arb zur Rd schließen, sodass die Naht in der hinteren Mitte liegt und die Rdm abnehmen = 56 M (= 14 M pro N). Nun mit der Ferse in Jaffa beginnen und die Socken nach den allgemeinen Strumpfregeln auf Seite 10-12 weiterstr, dabei die äußeren je 3 M der Fersenwand kr re str. Nach der Ferse in Schwarz weiterarb, dabei nach 4 cm ab Ferse je 4 R Grau, Schwarz und Grau str, dann in Schwarz weiterarb. Nach 18 cm ab Fersenmitte mit der Bandspitze in Gras beginnen, dabei die Abnahmen noch 2 x in jeder 3. Rd, 3 x in jeder 2. Rd, dann in jeder Rd wdh.
Fertigstellung: Je 6 Nieten auf den grasfarbenen Streifen am Schaft anbringen, siehe Foto. Naht am Schaft schließen.

Kurze Sportsocken
Modell 33

Größe: 36/37

Material: Je ca. 50 g Schwarz Fb 99 und Grau Fb 95: Qual Regia 4-fädig Stretch (70 % Schurwolle, 23 % Polyamid, 7 % Polyester, LL = 200 m/50 g), ca. 50 g Jaffa Fb 1259: Qual Regia 4-fädig (75 % Schurwolle, 25 % Polyamid, LL = 210 m/50 g), beide Qual von SCHACHENMAYR. Prym-N-Spiel Nr 2 bis 3 und Häkel-N Nr 3.
Rippenmuster: 1 M re in Schwarz und 1 M li in Grau im Wechsel; in Norwegertechnik mit mehreren Knäueln arb, dabei den unbenutzten Faden stets locker auf der Arbeitsrückseite mitführen.
Gl re: Hin-R re, Rück-R li; in Rd nur re M
Kr re: Hin- und Rück-R re M
Streifenfolge: 6 Rd Schwarz und 2 Rd Jaffa im Wechsel
Maschenprobe, gl re: 30 M + 42 R = 10 x 10 cm
Ausführung: Anschlag je 60 M in Jaffa und für den Bund 2 Rd gl re und 2 cm Rippenmuster str. Dann gl re 2 Rd Jaffa arb und mit der Ferse in Grau beginnen. Die Socken nach den allgemeinen Strumpfregeln auf Seite 10-12 weiterstr, dabei die äußeren je 3 M der Fersenwand kr re str. Nach der Ferse gl re lt Streifenfolge weiterarb. Nach 18,5 cm ab Fersenmitte mit der Bandspitze in Grau beginnen, dabei die Abnahmen noch 1 x in der 4. Rd, 2 x in jeder 3. Rd, 3 x in jeder 2. Rd, dann in jeder Rd wdh.
Fertigstellung: In der hinteren Mitte am Bund 1 Schlaufe in Jaffa doppfädig aus 10 Lftm annähen.

Sportsocken Grau/Gras
Modell 34

Größe: 36/37

Material: Je ca. 50 g Schwarz Fb 99 und Grau Fb 95: Qual Regia 4-fädig Stretch (70 % Schurwolle, 23 % Polyamid, 7 % Polyester, LL = 200 m/50 g), ca. 50 g Gras Fb 1254: Qual Regia 4-fädig (75 % Schurwolle, 25 % Polyamid, LL = 210 m/50 g), beide Qual von SCHACHENMAYR. Prym-N-Spiel Nr 2 bis 3.
Rippenmuster: 2 M re, 2 M li im Wechsel
Gl re: Hin-R re, Rück-R li; in Rd nur re M
Gl li: in Rd nur li M
Kr re: Hin- und Rück-R re M
Streifenmuster: In Norwegertechnik mit mehreren Knäueln arb, dabei den unbenutzten Faden stets locker auf der Arbeitsrückseite mitführen.
1. Rd: Grau – re M
2. + 3. Rd: Grau – *11 M li, 3 M re, 2 M li, 3 M re, 11 M li, ab * 1 x wdh
4. + 5. Rd: Grau – *9 M re, 2 M li, 3 M re, 2 M li, 3 M re, 2 M li, 9 M re, ab * 1 x wdh
6. + 7. Rd: wie 2. + 3. Rd
8. + 9. Rd: Gras – *9 M re, 2 M li, 3 M li abheben, dabei Fd hinter der Arb langführen, 2 M li, 3 M li abheben, 2 M li, 9 M re, ab * 1 x wdh
10. Rd: Grau – *9 M re, 2 M li, 3 M re, 2 M li, 3 M re, 2 M li, 9 M re, ab * 1 x wdh
11.-16. Rd: wie 2.-7. Rd
17. + 18. Rd: Schwarz – *9 M re, 2 M li, 3 M li abheben, dabei Fd hinter der Arb langführen, 2 M li, 3 M li abheben, 2 M li, 9 M re
19. Rd: wie 10. Rd
Die 2.-19. Rd stets wdh.
Maschenprobe, gl re: 30 M + 42 R = 10 x 10 cm
Ausführung: Anschlag je 60 M in Gras und für den Bund 2 Rd gl re und in Schwarz 2 cm Rippenmuster wie folgt str: *1 M re, 2 M li, 2 M re, 2 M li, 2 M re, 2 M li, 3 M re, 2 M li, 3 M re, 2 M li, 2 M re, 2 M li, 2 M re, 2 M li, 1 M re, ab * 1 x wdh. Dann im Streifenmuster weiterarb. Nach 46 Rd ab Bund mit der Ferse in Schwarz beginnen und die Socken nach den allgemeinen Strumpfregeln auf Seite 10-12 weiterstr. Dabei die äußeren je 3 M der Fersenwand kr re str. Nach der Ferse das Streifenmuster fortsetzen, jedoch die M der 1. + 4. N gl re str. Nach 18,5 cm ab Fersenmitte mit der Bandspitze in Schwarz beginnen, dabei die Abnahmen noch 1 x in der 4. Rd, 2 x in jeder 3. Rd, 3 x in jeder 2. Rd, dann in jeder Rd wdh.

QUEENS

Kunterbuntes für Kids

Kindersocken in Canari
Modell 35

Größe: 28/29

Material: ca. 50 g Gelb Fb 2041: Qual Regia 4-fädig (75 % Schurwolle, 25 % Polyamid, LL = 210 m/50 g) von SCHACHENMAYR. Prym-N-Spiel Nr 2,5.
Gl re: Hin-R re, Rück-R li; in Rd nur re M
Grundmuster: Lt Strickschrift zu Modell 35 arb. Die 1.-20. Rd stets wdh.
Maschenprobe, gl re: 30 M + 42 R = 10 x 10 cm
Ausführung: Anschlag je 48 M (= 12 M pro N) und im Grundmuster str. Nach 30 Rd ab Anschlag mit der Ferse beginnen. Die Socken nach den allgemeinen Strumpfregeln auf Seite 10-12 weiterstr Nach der Ferse im Grundmuster weiterarb. Nach 15 cm ab Fersenmitte mit der Bandspitze gl re beginnen, dafür jeweils die dritt- und zweitletzte M der 1. + 3. N sowie die 2. und 3. M der 2. + 4. N li zusstr.

Kindersocken in Orange
Modell 36

Größe: 28/29

Material: ca. 50 g Jaffa Fb 1259: Qual Regia 4-fädig (75 % Schurwolle, 25 % Polyamid, LL = 210 m/50 g) von SCHACHENMAYR. Prym-N-Spiel Nr 2,5.
Bundmuster: 1. Rd: *1 M li, 3 M re, ab * wdh
2. Rd: *1 M li, 1 U, 1 dopp Überzug (= 1 M re abheben, 2 M re zusstr, die abgehobene M überziehen), 1 U, ab * wdh
Die 1. + 2. R stets wdh
Gl li: Hin-R li, Rück-R re; in Rd nur li M
Grundmuster: Lt Strickschrift zu Modell 36 arb. In den geraden Rd die M und U re str. Die 1.-16. Rd stets wdh.
Maschenprobe, gl re: 30 M + 42 R = 10 x 10 cm
Ausführung: Anschlag je 48 M (= 1. + 3. N je 13 M, 2. + 4. N je 11 M) und 9 Rd im Bundmuster str. Dann im Grundmuster weiterarb. Nach 24 Rd ab Bund mit der Ferse gl li beginnen und die Socken nach den allgemeinen Strumpfregeln auf Seite 10-12 weiterstr, dabei für das Käppchen in der Hin-R die letzte M mit der folg M li zusstr und in der Rück-R die letzte M mit der folg M re zusstr. Nach der Ferse die letzten 5 M der 1. N auf die 2. N sowie die ersten 4 M der 4. N auf die 3. N nehmen. Nun die 33 M der 2. + 3. N im Grundmuster (in der 9. Rd das Muster mit 1 M re beginnen und beenden) und restl M der 1. + 4. N gl li weiterarb. Nach 14 cm ab Fersenmitte die M wieder gleichmäßig auf die N verteilen und mit der Bandspitze gl li beginnen, dafür jeweils die dritt- und zweitletzte M der 1. + 3. N sowie die 2. und 3. M der 2. + 4. N li zusstr.

Kindersocken in Royal
Modell 37

Größe: 26/27

Material: ca. 50 g Royal Fb 540: Qual Regia 4-fädig (75 % Schurwolle, 25 % Polyamid, LL = 210 m/50 g) von SCHACHENMAYR. Prym-N-Spiel Nr 2,5.
Rippenmuster: 1 M re verschr, 1 M li im Wechsel
Gl re: Hin-R re, Rück-R li; in Rd nur re M
Kr re: in Rd 1 Rd re und 1 Rd li im Wechsel
Grundmuster: Lt Strickschrift zu Modell 37 arb. Die 1.-18. Rd stets wdh, dabei versetzt sich das Muster um je 1 M nach li.
Maschenprobe, gl re: 30 M + 42 R = 10 x 10 cm
Ausführung: Anschlag je 50 M (= 1. + 4. N je 12 M, 2. + 3. N je 13 M) und für den Bund 2 Rd kr re 7 Rd Rippenmuster und 4 Rd kr re str. Dann im Grundmuster weiterarb. Nach 18 Rd ab Bund mit der Ferse beginnen und die Socken nach den allgemeinen Strumpfregeln auf Seite 10-12 weiterstr. Nach der Ferse im Grundmuster weiterarb und nach 14 cm ab Fersenmitte mit der Bandspitze gl re beginnen, dafür jeweils die dritt- und zweitletzte M der 1. + 3. N überzogen zusstr (= 1 M re abheben, 1 M re, die abgehobene M überziehen) sowie die 2. und 3. M der 2. + 4. N re zusstr.

Strickschrift zu Modell 35

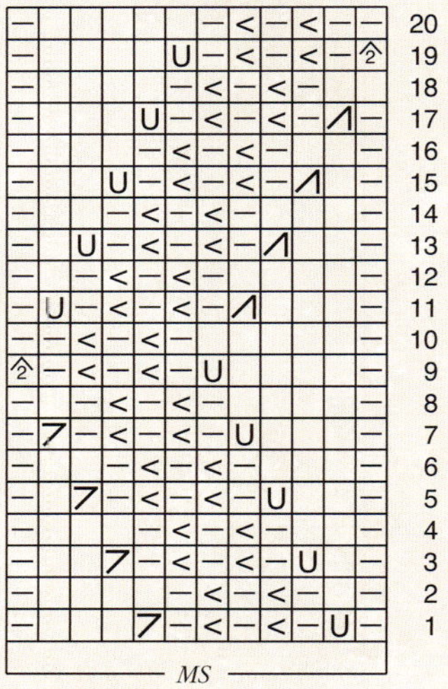

Zeichenerklärung zu Modell 35:
- □ = 1 M re
- < = 1 M re verschr
- – = 1 M li
- U = 1 Umschlag
- ◿ = 2 M re zusstr
- ◸ = 2 M re verschr zusstr
- ⌂ = 2 M li zusstr

Strickschrift zu Modell 36

Zeichenerklärung zu Modell 36:
- □ = 1 M re
- U = 1 Umschlag
- ◿ = 2 M re zusstr
- ◸ = 2 M re verschr zusstr
- m = 1 dopp Überzug: 1 M re abheben, 2 M re zusstr, die abgehobene M überziehen

Strickschrift zu Modell 37

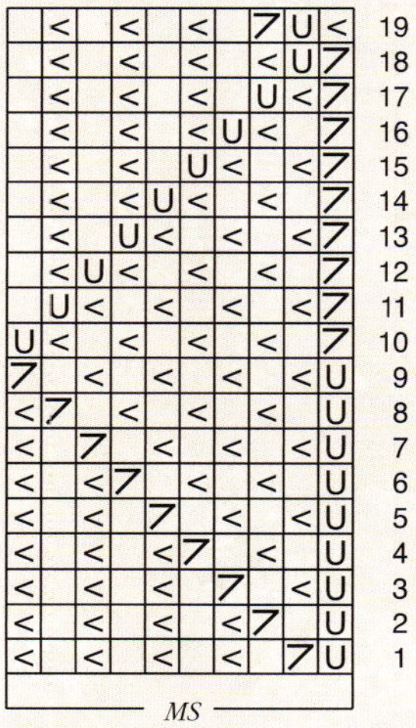

Zeichenerklärung zu Modell 37:
- < = 1 M re verschr
- □ = 1 M li
- U = 1 Umschlag
- ◸ = 2 M re verschr zusstr

Zeichenerklärung zu Modell 38:
- □ = 1 M re
- – = 1 M li
- U = 1 Umschlag
- ◿ = 2 M re zusstr
- ◸ = 2 M re verschr zusstr
- m = 3 M re zusstr
- ◸ = 3 M re verschr zusstr

Strickschrift zu Modell 38

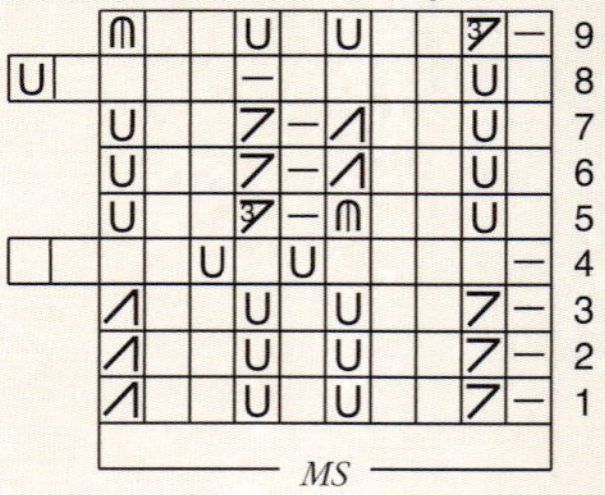

Kindersocken in Rot

Modell 38

Größe: 32/33

Material: ca. 100 g Hochrot meliert Fb 30: Qual Regia + Cotton (41 % Schurwolle, 34 % Baumwolle, 25 % Polyamid, LL = 200 m/50 g) von SCHACHENMAYR. Prym-N-Spiel Nr 2,5.

Gl re: Hin-R re, Rück-R li; in Rd nur re M

Mäusezähnchen: 2 M re zusstr, 1 U im Wechsel

Grundmuster: Lt Strickschrift zu Modell 38 arb. In der Breite den gezeichneten MS stets wdh. Die 1.-9. Rd 1 x arb, dann die 2.-9. Rd stets wdh.

Maschenprobe, gl re: 30 M + 42 R = 10 x 10 cm

Ausführung: Anschlag je 50 M (= 1. + 4. N je 12 M, 2. + 3. N je 13 M) und für den Bund 5 Rd gl re, 1 Rd Mäusezähnchen und 5 Rd gl re str, dabei in der letzten Rd die M jeweils mit der darunter liegenden M des Anschlags re zusstr. Noch je 1 Rd li M und re M str, dann im Grundmuster weiterarb. Nach 11 cm ab Bund auf der 1. + 4. N je 1 M zunehmen und über 26 M mit der Ferse beginnen. Die Socken nach den allgemeinen Strumpfregeln auf Seite 10-12 weiterstr, dabei das Käppchen über die mittl 10 M arb. Nach der Ferse aus den Kanten je 14 M auffassen = 64 M. Nun die letzte M der 1. N auf die 2. N sowie die ersten 2 M der 4. N auf die 3. N nehmen. Die M der 1. + 4. N gl re, die 29 M der 2. + 3. N im Grundmuster weiterarb. Die Zwickelabnahmen so oft ausführen, bis auf der 1. + 4. N noch 28 M übrig sind. Nach 17 cm ab Fersenmitte auf der 3. N 1 M abnehmen = 56 M und mit der Bandspitze gl re beginnen, dafür jeweils die dritt- und zweitletzte M der 1. + 3. N sowie die 2. und 3. M der 2. + 4. N li zusstr.

Farbenfrohe Minimuster

Socken mit Karostreifen
Modell 39

Größe: 40/41

Material: 100 g Marine Fb 324, je ein Rest Gras Fb 1254 und Lavendel Fb 1988: Qual Regia 4-fädig (75 % Schurwolle, 25 % Polyamid, LL = 210 m/50 g) von SCHACHENMAYR. N-Spiel Nr 2,5 und Nr 3.
Rippenmuster mit N Nr 2,5: 1 M re, 1 M li im Wechsel
Die folg Muster mit N Nr 3 str!
Gl re: Hin-R re, Rück-R li; in Rd nur re M
Kr re: Hin- und Rück-R re
Karostreifen: Gl re gemäß Zählmuster zu Modell 39 in Norwegertechnik mit mehreren Knäueln arb, dabei den unbenutzten Faden stets locker auf der Arbeitsrückseite mitführen.
Maschenprobe: 30 M + 40 R = 10 x 10 cm
Ausführung: Anschlag je 64 M in Marine (= 16 M pro N) und 3 cm Rippenmuster str, dann gl re wie folgt weiterarb: 8 Rd Marine, 1.-13. Rd Karostreifen, 32 Rd Marine, 1.-3. Rd Karostreifen und 2 Rd Marine. Nun mit der Ferse in Marine beginnen und die Socken nach den allgemeinen Strumpfregeln auf Seite 10-12 weiterstr. Dabei die äußeren je 3 M der Fersenwand kr re str und die Zwickelabnahmen in jeder 3. Rd ausführen. Nach der Ferse zunächst in Marine weiterarb, bis die Zwickelabnahmen beendet sind, dann die 6.-8. Rd Karostreifen str, weiter in Marine und 2 cm vor Bandspitzenbeginn die 1.-3. Rd Karostreifen arb, weiter in Marine. Nach 21 cm ab Fersenmitte mit der Bandspitze beginnen, dabei die Abnahmen noch 1 x in der 4. Rd, 2 x in jeder 3. Rd, 3 x in jeder 2. Rd, dann in jeder Rd wdh.

Socken mit bunten Karos
Modell 40

Größe: 26/27 (34/35)

Material: 50 g Marine Fb 324, je ein Rest Gras Fb 1254, Royal Fb 540, Lavendel Fb 1988, Pink Fb 1258 und Gelb Fb 2041: Qual Regia 4-fädig (75 % Schurwolle, 25 % Polyamid, LL = 210 m/50 g) von SCHACHENMAYR. N-Spiel Nr 2,5 und Nr 3.
Rippenmuster mit N Nr 2,5: 1 M re, 1 M li im Wechsel
Die folg Muster mit N Nr 3 str!
Gl re: Hin-R re, Rück-R li; in Rd nur re M
Kr re: Hin- und Rück-R re
Karomuster: Gl re gemäß Zählmuster zu Modell 40 in Norwegertechnik mit mehreren Knäueln arb, dabei den unbenutzten Faden stets locker auf der Arbeitsrückseite mitführen.
Maschenprobe im Karomuster: 30 M + 38 R = 10 x 10 cm
Ausführung: Anschlag je 48 (56) M in Marine (= 12 (14) M pro N) und 2 (3) cm Rippenmuster str, dann im Karomuster weiterarb. Nach 31 (46) Rd ab Bund mit der Ferse in Marine beginnen. Die Socken nach den allgemeinen Strumpfregeln auf Seite 10-12 weiterstr. Dabei die äußeren je 3 M der Fersenwand kr re str und die Zwickelabnahmen in jeder 3. Rd ausführen. Nach der Ferse zunächst in Marine weiterarb, bis die Zwickelabnahmen beendet sind, dann das Karomuster fortsetzen. Nach 14 (18) cm ab Fersenmitte mit der Bandspitze in Marine beginnen, dabei die Abnahmen noch 1 (2) x in jeder 3. Rd, 3 x in jeder 2. Rd, dann in jeder Rd wdh.

Socken mit Dreieckchen
Modell 41

Größe: 30/31

Material: 50 g Marine Fb 324, je ein Rest Kirsch Fb 2002, Rot Fb 2054, Orange Fb 1259 und Canari Fb 2041: Qual Regia & Cotton (38 % Schurwolle, 37 % Baumwolle, 25 % Polyamid, LL = 225 m/50 g) von SCHACHENMAYR. N-Spiel Nr 2 und Nr 2,5.
Rippenmuster mit N Nr 2: 2 M re, 2 M li im Wechsel
Die folg Muster mit N Nr 2,5 str!
Gl re: Hin-R re, Rück-R li; in Rd nur re M
Kr re: Hin- und Rück-R re
Jacquardmuster: Gl re gemäß Zählmuster zu Modell 41 in Norwegertechnik mit mehreren Knäueln arb, dabei den unbenutzten Faden stets locker auf der Arbeitsrückseite mitführen.
Maschenprobe im Jacquardmuster: 30 M + 38 R = 10 x 10 cm
Ausführung: Anschlag je 52 M in Marine (= 13 M pro N) und 3 cm Rippenmuster str, dann im Jacquardmuster weiterarb. Nach 36 Rd ab Bund mit der Ferse in Marine beginnen. Die Socken nach den allgemeinen Strumpfregeln auf Seite 10-12 weiterstr. Dabei die äußeren je 3 M der Fersenwand kr re str und die Zwickelabnahmen in jeder 3. Rd ausführen. Nach der Ferse zunächst in Marine weiterarb bis ca. 5 cm vor Beginn der Bandspitze, dann 1 x die 2.-15. Rd des Jacquardmusters str. Nach 15,5 cm ab Fersenmitte mit der Bandspitze beginnen, dabei die Abnahmen noch 2 x in jeder 3. Rd, 3 x in jeder 2. Rd, dann in jeder Rd wdh.

Socken mit Jacquardstreifen
Modell 42

Größe: 38/39

Material: 100 g Marine Fb 324, je ein Rest Kirsch Fb 2002, Rot Fb 2054 und Jaffa Fb 1259: Qual Regia 4-fädig (75 % Schurwolle, 25 % Polyamid, LL = 225 m/50 g) von SCHACHENMAYR. N-Spiel Nr 2 und Nr 2,5.

Zählmuster zu Modell 41 + 42

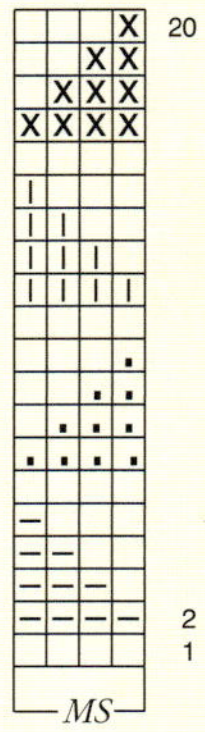

Die 1.-20. Rd stets wdh.

Zeichenerklärung:
- □ = 1 M Marine
- ⊟ = 1 M Kirsch
- ⊡ = 1 M Rot
- [I] = 1 M Jaffa
- ☒ = 1 M Canari

Zählmuster zu Modell 39

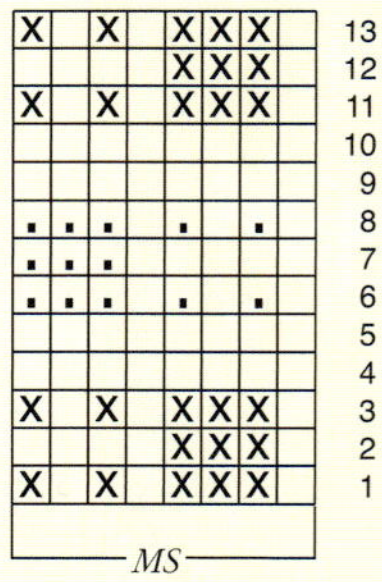

Zeichenerklärung:
- □ = 1 M Marine
- ☒ = 1 M Gras
- ⊡ = 1 M Lavendel

Zählmuster zu Modell 40

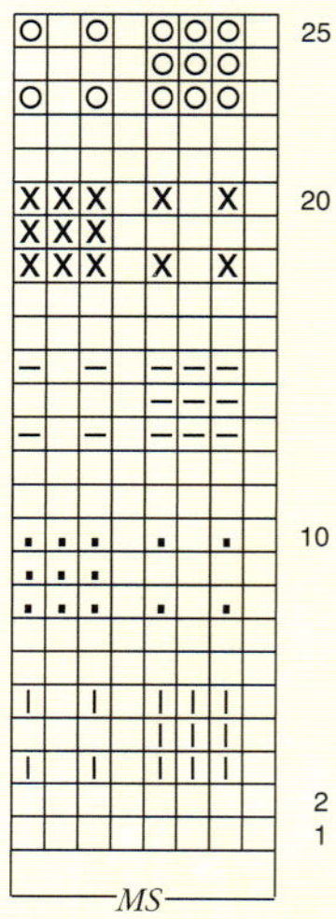

Die 1.-25. Rd stets wdh.

Zeichenerklärung:
- □ = 1 M Marine
- [I] = 1 M Gras
- ⊡ = 1 M Royal
- ⊟ = 1 M Lavendel
- ☒ = 1 M Gelb
- [O] = 1 M Pink

Rippenmuster mit N Nr 2: 2 M re, 2 M li im Wechsel
Die folg Muster mit N Nr 2,5 str!
Gl re: Hin-R re, Rück-R li; in Rd nur re M
Kr re: Hin- und Rück-R re
Jacquardstreifen: Gl re gemäß Zählmuster zu Modell 42 in Norwegertechnik mit mehreren Knäueln arb, dabei den unbenutzten Faden stets locker auf der Arbeitsrückseite mitführen. Die 1.-15. Rd arb.

Maschenprobe im Jacquardmuster: 30 M + 38 R = 10 x 10 cm
Ausführung: Anschlag je 60 M in Marine (= 15 M pro N) und 3 cm Rippenmuster str. Dann gl re wie folgt weiterarb: 6 Rd Marine, 15 Rd Jacquardstreifen, 15 Rd Marine, 15 Rd Jacquardstreifen, weiter in Marine. Nach 14 cm ab Bund mit der Ferse in Marine beginnen. Die Socken nach den allgemeinen Strumpfregeln auf Seite 10-12 weiterstr. Dabei die äußeren je 3 M der Fersenwand kr re str und die Zwickelabnahmen in jeder 3. Rd ausführen. Nach der Ferse zunächst in Marine weiterarb, bis die Zwickelabnahmen beendet sind, dann noch 1 x 15 Rd Jacquardstreifen str, weiter in Marine. Nach 20 cm ab Fersenmitte mit der Bandspitze beginnen, dabei die Abnahmen noch 1 x in der 4. Rd, 2 x in jeder 3. Rd, 3 x in jeder 2. Rd, dann in jeder Rd wdh.

Ringelsöckchen mit Dino

Ringelsöckchen mit Dino

Modell 43

Größe: 26/27

Material: Je ca. 50 g Gelb Fb 0043, Grün Fb 0198, Blau Fb 0078 und Orange Fb 0159: Qual Jawoll (75 % Schurwolle, 18 % Polyamid, 7 % Acryl, LL = 190 m/45 g + 5 g Beigarn) von LANG. Ein Garnrest in Marine. Prym-N-Spiel Nr 3 und Prym-Häkel-N Nr 3.
Gl re: Hin-R re, Rück-R li; in Rd nur re M
Dino: Nachträglich lt Zählmuster im M-Stich aufsticken. Den Mund im Stielstich und Auge im Knötchenstich in Marine arb.
Streifenfolge: *je 4 Rd Blau, Grün, Orange (= und Gelb, ab * wdh
Maschenprobe: 30 M + 41 R = 10 x 10 cm
Ausführung: Anschlag je 48 M in Orange (= 12 M pro N) und 3 Rd li M str. Dann gl re zunächst 28 Rd Gelb str, dann lt Streifenfolge weiterarb. Nach 36 Rd ab Anschlag mit der Ferse in Orange beginnen und die Socken nach den allgemeinen Strumpfregeln auf Seite 10-12 weiterstr. Nach der Ferse die Streifenfolge fortsetzen und nach 14 cm ab Fersenmitte mit der Bandspitze in Blau beginnen.
Fertigstellung: Vorne auf den Schaft 4 Rd über den Streifen den Dino sticken, re Socke lt Zählmuster, li Socke gegengl. Die Zacken in Blau wie folgt häkeln: 26 Lftm anschl, in die 2. Lftm ab N 1 fM, *2 M übergehen, in die folg M 2 hStb, 1 Stb, 2 Lftm, 1 Stb und 2 hStb, 2 M übergehen, 1 fM, ab * wdh. Die Zacken auf den Dinorücken nähen. Den Anschlag-Rand in Blau wie folgt behäkeln: *1 fM, 2 M übergehen, in die folg M 2 hStb, 2 Stb, 2 Lftm, 2 Stb und 2 hStb, 2 M übergehen, ab * wdh, enden mit 1 KettM in die 1. fM.

Dino-Söckchen in Türkis

Modell 44

Größe: 30/31

Material: Je ca. 50 g Türkis Fb 0179, Grün Fb 0198, Blau Fb 0078, Orange Fb 0159 und Marine Fb 0025: Qual Jawoll (75 % Schurwolle, 18 % Polyamid, 7 % Acryl, LL = 190 m/45 g + 5 g Beigarn) von LANG. Ein Rest weißes Garn. Prym-N-Spiel Nr 3 und Prym-Häkel-N Nr 3.
Gl re: Hin-R re, Rück-R li; in Rd nur re M
Bordüre: Lt Zählmuster 1 in Norwegertechnik mit mehreren Knäueln arb, dabei den unbenutzten Faden stets locker auf der Arbeitsrückseite mitführen.
Dino: Nachträglich lt Zählmuster 2 im M-Stich aufsticken. Den Mund im Stielstich, die orangefarbenen Punkte im Knötchenstich arb.
Streifenfolge: *1 Rd Grün, 2 Rd Türkis, 1 Rd Orange, 2 Rd Türkis, 1 Rd Blau, 4 Rd Türkis, ab * wdh
Maschenprobe: 30 M + 41 R = 10 x 10 cm
Ausführung: Anschlag je 52 M in Grün (= 13 M pro N) und für den Saum 2 cm gl re str. Für den Bruch in Marine 1 Rd re M und 1 Rd li M str, dann gl re 4 Rd Bordüre arb. Nun für den Schaft gl re 33 Rd Türkis und 9 Rd Streifenfolge arb, dann mit der Ferse in Marine beginnen. Die Socken nach den allgemeinen Strumpfregeln auf Seite 10-12 weiterstr. Nach der Ferse die Streifenfolge fortsetzen. Nach 14,5 cm ab Fersenmitte 4 Rd Bordüre str, dann mit der Bandspitze in Grün beginnen.
Fertigstellung: Den Saum nach innen säumen. Außen auf den Schaft den Dino sticken, re Socke lt Zählmuster, li Socke gegengl. Die Zacken in Blau wie folgt häkeln: 38 Lftm anschl, in die 2. Lftm ab N 1 fM, *2 M übergehen, in die folg M 2 hStb, 1 Stb, 2 Lftm, 1 Stb und 2 hStb, 2 M übergehen, 1 fM, ab * wdh. Die Zacken auf den Dinorücken nähen.

Zählmuster zu Modell 43

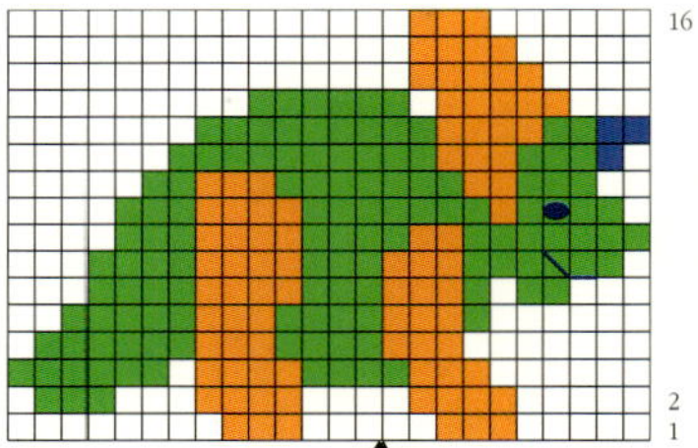

Vordere Mitte

Zeichenerklärung zu Modell 43:
1 Kästchen = 1 M + 1 Rd
☐ = Gelb
■ = Orange
■ = Grün
■ = Blau

Zeichenerklärung zu Modell 44:
1 Kästchen = 1 M + 1 Rd
■ = Marine
■ = Orange
☐ = Türkis
■ = Grün
■ = Blau
⊡ = Weiß

Zählmuster 1 Modell 44

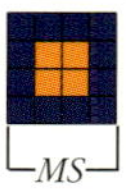

Zählmuster 2 zu Modell 44

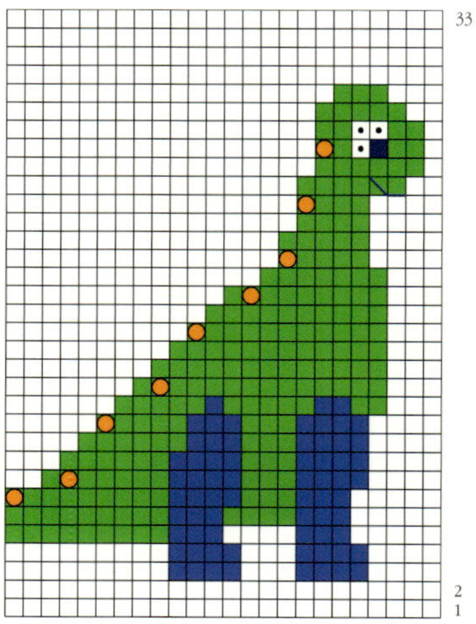

Farbtupfer für Babyfüße

Gelbe Baby-Schühchen
Modell 45

Größe: ca. 6 Monate

Material: 50 g Gelb Fb 2041 und ein Rest Jaffa Fb 1259: Qual Regia 4-fädig (75 % Schurwolle, 25 % Polyamid, LL = 210 m/ 50 g) von SCHACHENMAYR. N-Spiel Nr 2,5; Häkel-N Nr 2,5. Etwas Gummiband.
Gl re: Hin-R re, Rück-R li
Gl li: Hin-R li, Rück-R re
Kr re: Hin- und Rück-R re
Mäusezähnchen: *2 M re zusstr, 1 U, ab * wdh
Grundmuster: *2 R gl li, 4 R gl re, ab * wdh
Häkelblume: In Gelb 6 Lftm anschl und mit 1 KettM zur Rd schließen. 1. Rd: Gelb – 10 fM; 2. Rd: Jaffa - *4 Lftm, in die vorletzte Lftm 1 fM und in die folg 2 Lftm je 1 Stb, 1 M der 2. Rd übergehen, 1 KettM in die folg fM der 2. Rd, ab * 4 x wdh.
Maschenprobe, gl re: 30 M + 42 R = 10 x 10 cm
Ausführung: Anschlag je 50 M in Gelb, dann 6 R gl re, 1 R Mäusezähnchen und 5 R gl re str. Nun 18 R im Grundmuster und 6 R gl re für den Gummidurchzug arb, dann die M stilllegen. Nun von innen aus der 1. R des Durchzugs 50 M in Gelb herausstr und 6 R gl re str, dabei in der letzten R die ersten 4 M abk. Nun wieder die stillgelegten äußeren M in Arb nehmen und in der folg R jeweils 1 M von außen mit 1 M von innen re zusstr und die letzten 4 M re str, damit eine Öffnung bleibt. Noch 1 Rück-R li M str, dann beids je 18 M stilllegen und für das Fußblatt über den mittl 14 M 18 R im Grundmuster arb. Nun die ersten 18 stillgelegten M wieder in Arb nehmen, aus der re Seitenkante des Fußblattes 14 M herausstr, die 14 M des Fußblattes in Arb nehmen, aus der li Seitenkante 14 M herausstr und die restl 18 M in Arb nehmen. Über alle 78 M 14 R im Grundmuster str, dann die ersten 32 M str und über folg 14 M die Sohle kr re arb. Dabei am Ende jeder Hin-R die letzte Sohlen-M re abheben, 1 M der Seite re str und die abgehobene M überziehen; am Ende jeder Rück-R die letzte Sohlen-M mit der folg M der Seite re zusstr. Wenn beids noch 8 M übrig sind, die Sohle im M-Stich schließen.
Fertigstellung: Rückwärtige Naht schließen. Den oberen Rand an den Mäusezähnchen nach innen säumen. Das Gummiband einziehen. Zwei Häkelblumen arb und vorne auf den Durchzug nähen.

Söckchen mit Rollrand
Modell 46

Größe: 22/23

Material: 50 g Jaffa Fb 1259, je ein Rest Himbeer Fb 1258 und Gelb Fb 2041: Qual Regia 4-fädig (75 % Schurwolle, 25 % Polyamid, LL = 210 m/50 g) von SCHACHENMAYR. N-Spiel Nr 2,5; Häkel-N Nr 2,5.
Gl re: Hin-R re, Rück-R li; in Rd nur re M
Kr re: Hin- und Rück-R re
Streifenfolge, **Gl re:** *2 Rd Himbeer, je 1 Rd Gelb, Jaffa und Gelb, ab * wdh
Häkelblume: In Gelb 6 Lftm anschlagen und mit 1 KettM zur Rd schließen. 1. Rd: Gelb – 10 fM; 2. Rd: Himbeer – *4 Lftm, in die vorletzte Lftm 1 fM und in die folg 2 Lftm je 1 Stb, 1 M der 2. Rd übergehen, 1 KettM in die folg fM der 2. Rd, ab * 4 x wdh.
Maschenprobe: 30 M + 42 R = 10 x 10 cm
Ausführung: Anschlag je 48 M in Jaffa (= 12 M pro N) und gl re str. Nach 9 cm ab Anschlag mit der Ferse in Gelb beginnen und die Socken nach den allgemeinen Strumpfregeln auf Seite 10-12 weiterstr. Dabei die äußeren je 3 M der Fersenwand kr re str und die Zwickelabnahmen in jeder 3. Rd ausführen. Nach der Ferse lt Streifenfolge weiterarb. Nach 11,5 cm ab Fersenmitte mit der Bandspitze in Jaffa beginnen, dabei die Abnahmen noch 1 x in der 3. Rd, 2 x in jeder 2. Rd, dann in jeder Rd wdh.
Fertigstellung: Zwei Häkelblumen arb und außen auf den Schaft nähen.

Baby-Söckchen mit Umschlag
Modell 47

Größe: 20/21
Material: 50 g Candy-Color Fb 5062, je ein Rest Himbeer Fb 1258, Jaffa Fb 1259 und Gelb Fb 2041: Qual Regia 4-fädig (75 % Schurwolle, 25 % Polyamid, LL = 210 m/ 50 g) von SCHACHENMAYR. N-Spiel Nr 2,5; Häkel-N Nr 2,5
Rippenmuster: 1 M re, 1 M li im Wechsel
Gl re: Hin-R re, Rück-R li; in Rd nur re M
Kr re: Hin- und Rück-R re
Häkelblume: In Gelb 6 Lftm anschlagen und mit 1 KettM zur Rd schließen. 1. Rd: Gelb – 10 fM; 2. Rd: Jaffa – *4 Lftm, in die vorletzte Lftm 1 fM und in die folg 2 Lftm je 1 Stb, 1 M der 2. Rd übergehen, 1 KettM in die folg fM der 2. Rd, ab * 4 x wdh.
Maschenprobe: 30 M + 42 R = 10 x 10 cm
Ausführung: Anschlag je 48 M in Candy-Color (= 12 M pro N) und im Rippenmuster str. Nach 8 cm ab Anschlag mit der Ferse beginnen und die Socken gl re nach den allgemeinen Strumpfregeln auf Seite 10-12 weiterstr. Dabei die äußeren je 3 M der Fersenwand kr re str. Nach 9 cm ab Fersenmitte mit der Bandspitze beginnen, dabei die Abnahmen noch 1 x in der 3. Rd, 2 x in jeder 2. Rd, dann in jeder Rd wdh.
Fertigstellung: Den oberen Sockenrand wie folgt behäkeln: 1. Rd: Jaffa – in jede li M 3 fM; 2. Rd: Himbeer – *1 fM, 1 Pikot (= 3 Lftm, 1 fM in die 1. Lftm), 2 M übergehen, ab * wdh. Den oberen Sockenrand nach außen schlagen. Zwei Häkelblumen arb und außen auf den Umschlag nähen.

Ethno & Folklore

Jacquard-Folkloresocken
Modell 48

Größe: 40/41

Material: Je ca. 50 g Rubin Fb 1011, Kirsch Fb 1003, Mango Fb 1008 und Kiesel Fb 1051: Qual Fortissima Socka (75 % Schurwolle, 25 % Polyamid, LL = 210 m/50 g) von SCHOELLER + STAHL. Prym-N-Spiel Nr 3. ca. 3 m Kunst-Lederbändchen 3 mm breit.
Kr re: abwechselnd 1 Rd li und 1 Rd re M
Rippenmuster: 1 M re, 1 M li im Wechsel
Gl re: Hin-R re, Rück-R li; in Rd nur re M
Jacquardmuster: Gl re lt Zählmuster zu Modell 48 in Norwegertechnik mit mehreren Knäueln arb, dabei den unbenutzten Faden stets locker auf der Arbeitsrückseite mitführen. Die 1.-20. Rd stets wdh.
Maschenprobe, gl re: 30 M + 42 R = 10 x 10 cm
Ausführung: Anschlag je 60 M in Rubin (= 15 M pro N), dann 3 cm kr re und 2 cm Rippenmuster str. Anschließend im Jacquardmuster weiterarb. Nach 50 Rd ab Rippenmuster gl re in Rubin weiterarb und mit der Ferse beginnen. Die Socken nach den allgemeinen Grundregeln auf Seite 10-12 weiterstr. Nach 17,5 cm ab Fersenmitte 1 x die 7.-20-. Rd Jacquardmuster arb, dann mit der Bandspitze in Rubin beginnen.
Fertigstellung: Für den Umschlag die oberen 3 cm nach außen schlagen. Mit Lederbändchen die Anschlagränder umstechen und auf die Umschläge Kreuzstiche über je ca. 3 M und 5 Rd mit 3,5 M Abstand aufsticken, dabei die Bandenden außen am Schaft verknoten und hängen lassen.

Zählmuster zu Modell 48

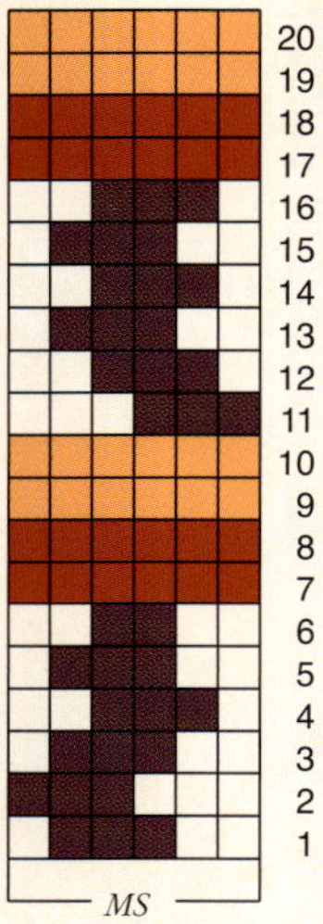

Zählmuster zu Modell 50

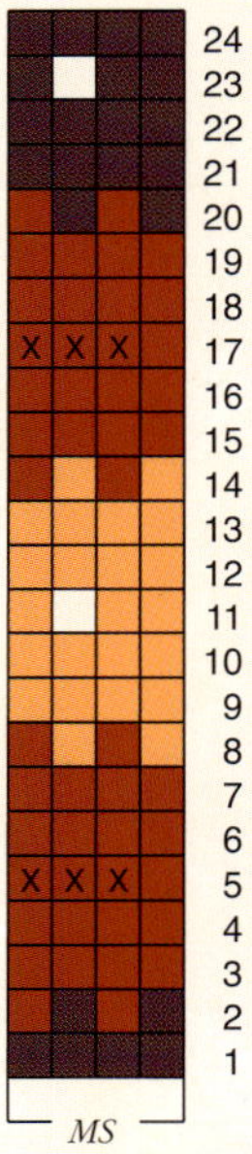

Socken mit Lederfransen
Modell 49

Größe: 39/40

Material: ca. 100 g Kirsch Fb 1003, je ca. 50 g Rubin Fb 1011, Mango Fb 1008 und Kiesel Fb 1051: Qual Fortissima Socka (75 % Schurwolle, 25 % Polyamid, LL = 210 m/50 g) von SCHOELLER + STAHL. Prym-N-Spiel Nr 3. ca. 8,5 m Kunst-Lederbändchen 3 mm breit.
Kr re: Hin- und Rück-R re M; in Rd abwechselnd 1 Rd li und 1 Rd re M
Rippenmuster: 1 M re, 1 M li im Wechsel
Gl re: Hin-R re, Rück-R li; in Rd nur re M
Maschenprobe, gl re: 30 M + 42 R = 10 x 10 cm
Ausführung: Für den Umschlag zunächst 3 M in Rubin anschl und kr re str, dabei beids in jeder 2. R 1 M zunehmen, bis 29 M vorhanden sind. Dann noch 31 M neu anschl = 60 M, die M auf das N-Spiel verteilen (= 15 M pro N), sodass die Umschlagspitze außen am Schaft liegt und noch 3 cm kr re in Rd str. Anschließend in Kirsch im Rippenmuster weiterarb. Nach 15 cm ab Umschlag mit der Ferse in Rubin beginnen und die Socken nach den allgemeinen Strumpfregeln auf Seite 10-12 weiterstr. Nach der Ferse gl re in Kirsch weiterarb und nach 19 cm ab Fersenmitte je 3 Rd Kiesel und Mango str, dann mit der Bandspitze in Rubin beginnen.
Fertigstellung: Den Umschlag nach außen schlagen. Das Lederbändchen in 12 cm lange Stücke schneiden und je 35 Fransen in die Umschlagränder knüpfen. Auf die Umschlagspitzen versetzt Kreuzstiche über je 3 M und 5 Rd mit 4 M Abstand in Kiesel, Mango und Kirsch doppfädig sticken, siehe Foto.

Zeichenerklärung:
1 Kästchen = 1 M + 1 Rd
■ = Kirsch
■ = Rubin
■ = Mango
□ = Kiesel
☒ = Lederbändchen

Folklore-Streifensocken
Modell 50

Größe: 39/40

Material: Je ca. 50 g Kirsch Fb 1003, Rubin Fb 1011, Mango Fb 1008 und Kiesel Fb 1051: Qual Fortissima/Socka (75 % Schurwolle, 25 % Polyamid, LL = 210 m/50 g) von SCHOELLER + STAHL. Prym-N-Spiel Nr 3. ca. 5,5 m Kunst-Lederbändchen 3 mm breit.
Rippenmuster: 1 M re, 1 M li im Wechsel
Gl re: Hin-R re, Rück-R li; in Rd nur re M
Jacquardmuster: Gl re lt Zählmuster zu Modell 50 in Norwegertechnik mit mehreren Knäueln arb, dabei den unbenutzten Faden stets locker auf der Arbeitsrückseite mitführen. Die 1.-24. Rd stets wdh. Die Lederbändchen nachträglich gemäß Zählmuster einziehen.
Maschenprobe, gl re: 30 M + 42 R = 10 x 10 cm
Ausführung: Anschlag je 60 M in Rubin (= 15 M pro N) und 3 cm Rippenmuster str. Dann im Jacquardmuster weiterarb. Nach 56 Rd ab Bund mit der Ferse in Mango beginnen und die Socken nach den allgemeinen Strumpfregeln auf Seite 10-12 weiterstr. Nach der Ferse das Jacquardmuster fortsetzen. Nach 20,5 cm ab Fersenmitte mit der Bandspitze in Mango beginnen.
Fertigstellung: Je Socke 5 ca. 40 cm lange Lederbändchen zuschneiden und lt Zählmuster am Schaft einfädeln, dabei die Enden an verschiedenen Stellen einfach hängen lassen. Die Anschlagränder mit Lederbändchen umstechen, Bandenden in der hinteren Mitte ca. 15 cm lang hängen lassen.

Rot macht Mode

Socken in Bordeaux

Modell 51

Größe: 40/41

Material: ca. 100 g Bordeaux Fb 0084: Qual Jawoll (75 % Schurwolle, 18 % Polyamid, 7 % Acryl, LL = 190 m/45 g + 5 g Beigarn) von LANG. Prym-N-Spiel Nr 2 und 2,5.
Bundmuster mit N Nr 2:
1. Rd: *3 M li, 2 M re, ab * wdh
2. Rd: *3 M li, die 2. vor der 1. M re, dann die 1. M re, ab * wdh
Die 1. + 2. Rd stets wdh.
Die folg Muster mit N Nr 2,5 str!
Gl re: Hin-R re, Rück-R li; in Rd nur re M
Kr re: Hin- und Rück-R re M
Zopfmuster: Lt Strickschrift zu Modell 51 arb. Die 1.-15. Rd stets wdh.
Maschenprobe, gl re: 30 M + 41 R = 10 x 10 cm
Ausführung: Anschlag je 60 M (= 15 M pro N) und 6 cm Bundmuster str, dabei in der letzten Rd verteilt 4 M zunehmen = 64 M (= 16 M pro N). Dann im Zopfmuster weiterarb. Nach 14 cm ab Bund auf der 1. + 4. N je 1 M abnehmen und über 30 M mit der Ferse gl re beginnen. Die Socken nach den allgemeinen Strumpfregeln auf Seite 10-12 weiterstr, dabei die äußeren je 3 M der Fersenwand kr re str. Nach der Ferse die M der 1. + 4. N gl re und die M der 2. + 3. N weiter im Zopfmuster str. Nach 21 cm ab Fersenmitte auf der 2. + 3. N je 1 M abnehmen und mit der Bandspitze gl re beginnen, dafür jeweils die 2. und 3. M der 2. + 4. N re zusstr sowie die dritt- und zweitletzte M der 1. + 3. N überzogen zusstr (= 1 M re abheben, 1 M re, die abgehobene M überziehen). Diese Abnahmen noch 1 x in der 4. Rd, 2 x in jeder 3. Rd, 3 x in jeder 2. Rd, dann in jeder Rd wdh.

Socken mit Zopfrippen

Modell 52

Größe: 37/38

Material: ca. 100 g Burgunder Fb 0061: Qual Jawoll (75 % Schurwolle, 18 % Polyamid, 7 % Acryl, LL = 190 m/45 g + 5 g Beigarn) von LANG. Prym-N-Spiel Nr 2 und 2,5.
Rippenmuster mit N Nr 2: 1 M re, 1 M li im Wechsel
Die folg Muster mit N Nr 2,5 str!
Gl re: Hin-R re, Rück-R li; in Rd nur re M
Kr re: Hin- und Rück-R re
Zopfrippenmuster: Lt Strickschrift zu Modell 52 arb. Die 1.-12. Rd stets wdh.
Maschenprobe, gl re: 30 M + 41 R = 10 x 10 cm
Ausführung: Anschlag je 60 M (= 15 M pro N) und 5 cm Rippenmuster str, dabei in der letzten Rd verteilt 8 M zunehmen = 68 M (= 17 M pro N). Dann im Zopfrippenmuster weiterarb. Nach 13 cm ab Bund auf der 1. + 4. N je 2 M abnehmen und über 30 M mit der Ferse gl re beginnen. Die Socken nach den allgemeinen Strumpfregeln auf Seite 10-12 weiterstr, dabei die äußeren je 3 M der Fersenwand kr re str. Nach der Ferse die M der 1. + 4. N plus die 1. M der 2. N gl re und restl M der 2. – 3. N weiter im Zopfrippenmuster str. Nach 19 cm ab Fersenmitte auf der 2. + 3. N je 2 M abnehmen und mit der Bandspitze gl re beginnen, dafür jeweils die 2. und 3. M der 2. + 4. N re zusstr sowie die dritt- und zweitletzte M der 1. + 3. N überzogen zusstr (= 1 M re abheben, 1 M re, die abgehobene M überziehen). Diese Abnahmen noch 1 x in der 4. Rd, 2 x in jeder 3. Rd, 3 x in jeder 2. Rd, dann in jeder Rd wdh.

Rote Ajoursocken

Modell 53

Größe: 38/39

Material: ca. 100 g Rot Fb 0060: Qual Jawoll (75 % Schurwolle, 18 % Polyamid, 7 % Acryl, LL = 190 m/45 g + 5 g Beigarn) von LANG. Prym-N-Spiel Nr 2 und 2,5.
Rippenmuster mit N Nr 2: 1 M re, 1 M li im Wechsel
Die folg Muster mit N Nr 2,5 str!
Gl re: Hin-R re, Rück-R li; in Rd nur re M
Kr re: Hin- und Rück-R re
Ajourmuster: Lt Strickschrift zu Modell 53 arb. In den geraden Rd die M str, wie sie erscheinen, U re und verschr M re verschr str. Die 1.-20. Rd stets wdh.
Maschenprobe, gl re: 30 M + 41 R = 10 x 10 cm
Ausführung: Anschlag je 60 M (= 15 M pro N) und 5 cm Rippenmuster str, dabei in der letzten Rd verteilt 4 M zunehmen = 64 M. Dann im Ajourmuster weiterarb. Nach 15 cm ab Bund auf der 1. + 4. N je 1 M abnehmen und über 30 M mit der Ferse gl re beginnen. Die Socken nach den allgemeinen Strumpfregeln auf Seite 10-12 weiterstr, dabei die äußeren je 3 M der Fersenwand kr re str. Nach der Ferse die M der 1. + 4. N gl re und die M der 2. + 3. N weiter im Ajourmuster str. Nach 20 cm ab Fersenmitte auf der 2. + 3. N je 1 M abnehmen und mit der Bandspitze gl re beginnen, dafür jeweils die 2. und 3. M der 2. + 4. N re zusstr sowie die dritt- und zweitletzte M der 1. + 3. N überzogen zusstr (= 1 M re abheben, 1 M re, die abgehobene M überziehen). Diese Abnahmen noch 1 x in der 4. Rd, 2 x in jeder 3. Rd, 3 x in jeder 2. Rd, dann in jeder Rd wdh.

Strickschrift zu Modell 51

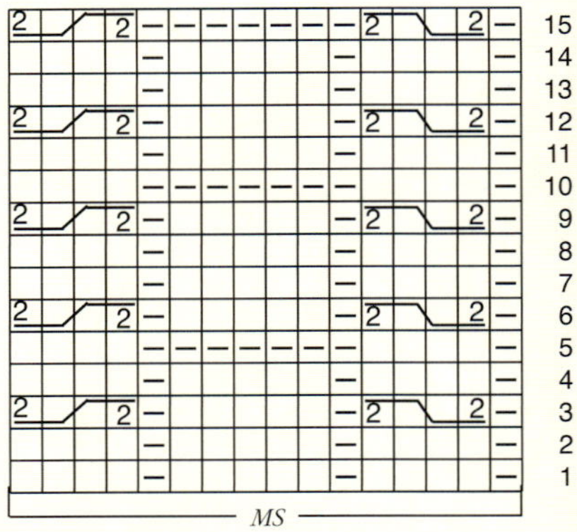

Zeichenerklärung 51:

= 1 M re
= 1 M li
= 2 M auf 1 Hilfs-N vor die Arb legen, 2 M re, die M der Hilfs-N re
= 2 M auf 1 Hilfs-N hinter die Arb legen, 2 M re, die M der Hilfs-N re

Strickschrift zu Modell 52

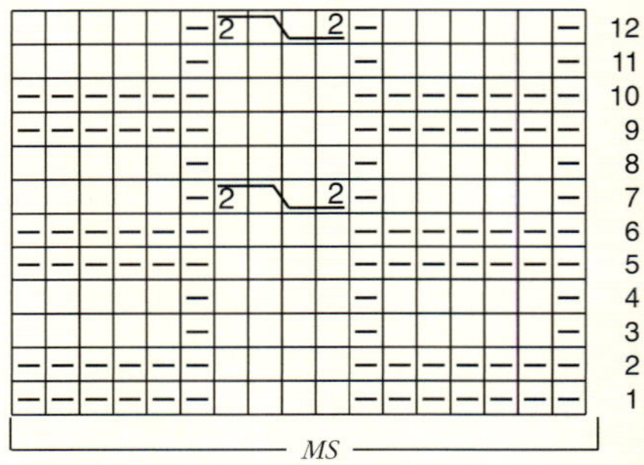

Zeichenerklärung 52:

= 1 M re
= 1 M li
= 2 M auf 1 Hilfs-N vor die Arb legen, 2 M re, die M der Hilfs-N re

Strickschrift zu Modell 53

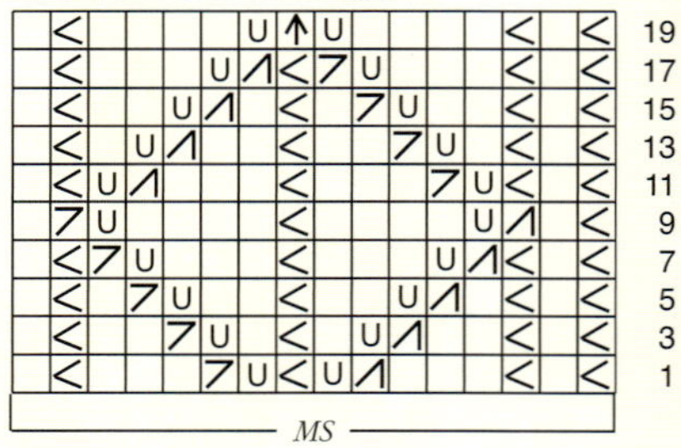

Zeichenerklärung 53:

= 1 M li
= 1 M re verschr
= 1 Umschlag
= 2 M re zusstr
= 2 M re verschr zusstr
= 3 M re zusstr

Knackig, kurz und kess

Kurzsocken in Blockstreifen
Modell 54

Größe: 38/39

Material: Ca 50 g Fun color Fb 5399: Qual Regia 4-fädig Nation Colors (75 % Schurwolle, 25 % Polyamid, LL = 210 m/50 g), je ca 50 g oder ein Rest Türkis Fb 1255 und Jaffa Fb 1259: Qual Regia 4-fädig (75 % Schurwolle, 25 % Polyamid, LL = 210 m/50 g), beide Qual von SCHACHENMAYR. 1 Prym-N-Spiel Nr 2,5.
Rippenmuster: 1 M re, 1 M li im Wechsel
Gl re: Hin-R re M, Rück-R li M; in Rd nur re M
Ringelmuster: je 1 Rd Jaffa und Türkis im Wechsel
Maschenprobe, gl re: 30 M und 42 R = 10 x 10 cm
Hinweis: Beide Socken mit dem gleichen Fb-Rapport beginnen!
Ausführung: Anschlag je 60 M in Jaffa (= 15 M pro N) und für den Bund 5 Rd gl re und in Türkis 1 Rd re M, 2 cm im Rippenmuster und 1 Rd re M str. Anschließend gl re in Fun Color weiterarb. Nach 3 Rd ab Bund die Ferse mit verkürzten R arb. Dafür die M der 2. und 3. N stilllegen und über die M der 1. und 4. N wie folgt weiterarb: **1. R (= Hin-R):** alle M re, wenden; **2. R (= Rück-R):** 1 Dopp-M (= Fd vor die Arb legen, die 1. M li abheben und den Fd fest nach hinten anziehen, sodass 2 M auf der N liegen), restl M li str, wenden; **3. R:** 1 Dopp-M, alle M bis zur Dopp-M am R-Ende re str, wenden; **4. R:** 1 Dopp-M, alle M bis zur Dopp-M li str, wenden. Die 3. und 4. R stets wdh, bis in der Mitte zwischen den Dopp-M noch 8 M übrig sind, dann über alle 60 M 2 Rd gl re str, bei den Dopp-M beide M-Glieder zus re abstr. Für die untere Fersenhälfte mit verkürzten R wie folgt weiterstr: **1. R (= Hin-R):** 20 M re, wenden; **2. R (= Rück-R):** 1 Dopp-M, 9 M li, wenden; **3. R:** 1 Dopp-M, bis zur Dopp-M re str, dann die Dopp-M re abstr und die folg M re str, wenden; **4. R:** 1 Dopp-M, bis zur Dopp-M li str, die Dopp-M li abstr und die folg M li str, wenden. Die 3. und 4. R stets wdh, bis wieder über die ganze Ferse gearb wird. Nun über alle M ohne Zwickelabnahmen weiterstr. Nach 20 cm ab Fersenmitte die Bandspitze gemäß den allgemeinen Strumpfregeln ab Seite 10 arb, dabei nach dem letzten Blockstreifen im Ringelmuster fortfahren.

Kurzsocken in Lavendel
Modell 55

Größe: 37/38

Material: Ca 50 g Königsblau geringelt Fb 5219: Qual Regia 4-fädig Mini-Ringel Colors (75 % Schurwolle, 25 % Polyamid, LL = 210 m/50 g), ca 50 g Lavendel Fb 1988: Qual Regia 4-fädig (75 % Schurwolle, 25 % Polyamid, LL = 210 m/50 g), ca. 50 g Papaya Fb 28: Qual Brazilia (100 % Polyester, LL = 90 m/50 g), alle Qual von SCHACHENMAYR. 1 Prym-N-Spiel Nr 2,5.
Rippenmuster: 1 M re, 1 M li im Wechsel
Gl re: Hin-R re M, Rück-R li M; in Rd nur re M
Maschenprobe, gl re: 30 M und 42 R = 10 x 10 cm
Hinweis: Beide Socken mit dem gleichen Fb-Rapport beginnen!
Ausführung: Anschlag je 60 M in Konigsblau geringelt (= 15 M pro N) und für den Bund 5 Rd gl re und in Papaya 11 Rd im Rippenmuster str. Anschließend gl re 4 Rd in Lavendel arb, dann die Ferse in Königsblau geringelt mit verkürzten R arb. Dafür die M der 2. und 3. N stilllegen und über die M der 1. und 4. N wie folgt weiterarb: **1. R (= Hin-R):** alle M re, wenden; **2. R (= Rück-R):** 1 Dopp-M (= Fd vor die Arb legen, die 1. M li abheben und den Fd fest nach hinten anziehen, sodass 2 M auf der N liegen), restl M li str, wenden; **3. R:** 1 Dopp-M, alle M bis zur Dopp-M am R-Ende re str, wenden; **4. R:** 1 Dopp-M, alle M bis zur Dopp-M li str, wenden. Die 3. und 4. R stets wdh, bis in der Mitte zwischen den Dopp-M noch 8 M übrig sind, dann über alle 60 M 2 Rd gl re str, bei den Dopp-M beide M-Glieder zus re abstr. Für die untere Fersenhälfte mit verkürzten R wie folgt weiterstr: **1. R (= Hin-R):** 20 M re, wenden; **2. R (= Rück-R):** 1 Dopp-M, 9 M li, wenden; **3. R:** 1 Dopp-M, bis zur Dopp-M re str, dann die Dopp-M re abstr und die folg M re str, wenden; **4. R:** 1 Dopp-M, bis zur Dopp-M li str, die Dopp-M li abstr und die folg M li str, wenden. Die 3. und 4. R stets wdh, bis wieder über die ganze Ferse gearb wird. Nun über alle M in Lavendel ohne Zwickelabnahmen weiterstr. Nach 19 cm ab Fersenmitte die Bandspitze in Königsblau geringelt gemäß den allgemeinen Strumpfregeln ab Seite 10 arb.

Kurzsocken in Blau-Grün
Modell 56

Größe: 34/35

Material: Ca 50 g Blau-Grün geringelt Fb 5220: Qual Regia 4-fädig Mini-Ringel Colors (75 % Schurwolle, 25 % Polyamid, LL = 210 m/50 g), ca 50 g Gras Fb 1254: Qual Regia 4-fädig (75 % Schurwolle, 25 % Polyamid, LL = 210 m/50 g), ca 50 g Riviera Fb 55: Qual Brazilia (100 % Polyester, LL = 90 m/50 g), alle Qual von SCHACHENMAYR. 1 Prym-N-Spiel Nr 2,5.
Rippenmuster: 1 M re, 1 M li im Wechsel
Gl re: Hin-R re M, Rück-R li M; in Rd nur re M
Maschenprobe, gl re: 30 M und 42 R = 10 x 10 cm
Hinweis: Beide Socken mit dem gleichen Fb-Rapport beginnen!
Ausführung: Anschlag je 60 M in Blau-Grün geringelt (= 15 M pro N) und für den Bund 5 Rd gl re und in Riviera 11 Rd im Rippenmuster str. Anschließend gl re in Blau-Grün geringelt weiterarb und nach 4 Rd ab Bund die Ferse mit verkürzten R arb. Dafür die M der 2. und 3. N stilllegen und über die M der 1. und 4. N wie folgt weiterarb: **1. R (= Hin-R):** alle M re, wenden; **2. R (= Rück-R):** 1 Dopp-M (= Fd vor die Arb legen, die 1. M li abheben und den Fd fest nach hinten anziehen, sodass 2 M auf der N liegen), restl M li str, wenden; **3. R:** 1 Dopp-M, alle M bis zur Dopp-M am R-Ende re str, wenden; **4. R:** 1 Dopp-M, alle M bis zur Dopp-M li str, wenden. Die 3. und 4. R stets wdh, bis in der Mitte zwischen den Dopp-M noch 8 M übrig sind, dann über alle 60 M 2 Rd gl re str, bei den Dopp-M beide M-Glieder zus re abstr. Für die untere Fersenhälfte in Gras mit verkürzten R wie folgt weiterstr: **1. R (= Hin-R):** 20 M re, wenden; **2. R (= Rück-R):** 1 Dopp-M, 9 M li, wenden; **3. R:** 1 Dopp-M, bis zur Dopp-M re str, dann die Dopp-M re abstr und die folg M re str, wenden; **4. R:** 1 Dopp-M, bis zur Dopp-M li str, die Dopp-M li abstr und die folg M li str, wenden. Die 3. und 4. R stets wdh, bis wieder über die ganze Ferse gearb wird. Nun über alle M in Blau-Grün geringelt ohne Zwickelabnahmen weiterstr. Nach 18 cm ab Fersenmitte die Bandspitze in Gras gemäß den allgemeinen Strumpfregeln ab Seite 10 arb.

Black & White

Damensocken

Modell 57

Größe: 37/38

Material: Je 50 g Schwarz Fb 1002 und Weiß Fb 1001: Qual Fortissima Socka (75 % Schurwolle, 25 % Polyamid, LL = 210 m/50 g) von SCHOELLER + STAHL. N-Spiel Nr 2,5 und 3.

Rippenmuster mit N Nr 2,5: 1 M re, 1 M li im Wechsel

Die folg Muster mit N Nr 3 str!

Gl re: Hin-R re, Rück-R li; in Rd nur re M

Grundmuster: siehe Strichschrift zu Modell 57. Die Buchstaben geben die zu strickende Fb an.

Streifenfolge: * 4 Rd Schwarz, je 2 Rd Weiß, Schwarz, Weiß, Schwarz, Weiß, Schwarz und Weiß, ab * wdh

Maschenprobe, gl re: 30 M + 42 R = 10 x 10 cm

Ausführung: Anschlag je 60 M in Schwarz (= 15 M pro N) und 3 cm Rippenmuster str. Dann im Grundmuster weiterarb. Nach 90 Rd ab Bund mit der Ferse in Schwarz beginnen und die Socken nach den allgemeinen Strumpfregeln auf Seite 10-12 weiterstr. Nach der Ferse gl re lt Streifenfolge weiterarb und nach 19 cm ab Fersenmitte mit der Bandspitze in Schwarz beginnen, dabei die Abnahmen mit der viert- und drittletzten M der 1. + 3. N sowie der dritten und vierten M der 2. + 4. N ausführen.

Herrensocken

Modell 58

Größe: 42/43

Material: 100 g Wollweiß Fb 1001 und 50 g Schwarz Fb 1002: Qual Fortissima Socka (75 % Schurwolle, 25 % Polyamid, LL = 210 m/50 g) von SCHOELLER + STAHL. N-Spiel Nr 2,5 und 3.

Rippenmuster mit N Nr 2,5: 1 M re, 1 M li im Wechsel

Die folg Muster mit N Nr 3 str!

Gl re: Hin-R re, Rück-R li; in Rd nur re M

Grundmuster: siehe Strichschrift zu Modell 58. Die Buchstaben geben die zu strickende Fb an.

Streifenfolge: *4 Rd Weiß, je 2 Rd Schwarz, Weiß und Schwarz, ab * wdh.

Maschenprobe, gl re: 30 M + 42 R = 10 x 10 cm

Ausführung: Anschlag je 64 M in Weiß (= 16 M pro N) und 3,5 cm Rippenmuster str. Dann im Grundmuster weiterarb. Nach 104 Rd ab Bund mit der Ferse in Weiß beginnen und die Socken nach den allgemeinen Strumpfregeln auf Seite 10-12 weiterstr. Nach der Ferse gl re lt Streifenfolge weiterarb und nach 22 cm ab Fersenmitte mit der Bandspitze in Weiß beginnen, dabei die Abnahmen mit der viert- und drittletzten M der 1. + 3. N sowie der dritten und vierten M der 2. + 4. N ausführen.

Strickschrift zu Modell 57

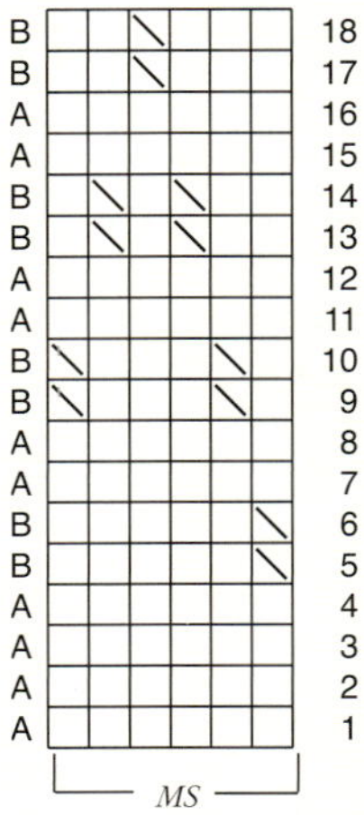

Die 1.-18. Rd stets wdh.

Zeichenerklärung:

□ = 1 M re

⧅ = li abheben, Fd liegt hinter der Arb

A = Schwarz

B = Weiß

Strickschrift zu Modell 58

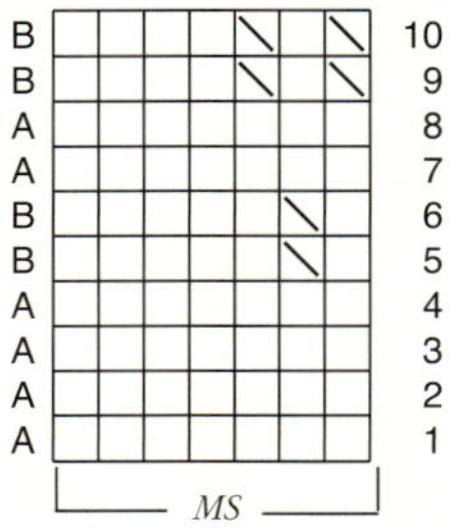

Die 1.-10. Rd stets wdh.

Zeichenerklärung:

□ = 1 M re

⧅ = li abheben, Fd liegt hinter der Arb

A = Wollweiß

B = Schwarz

Klassische Kontraste

Socken im Hahnentrittmuster

Modell 59

Größe: 38/39

Material: ca. 100 g Superweiß Fb 2080 und ca. 50 g Schwarz Fb 2066: Qual Regia 4-fädig (75 % Schurwolle, 25 % Polyamid, LL = 210 m/50 g) von SCHACHENMAYR. Prym-N-Spiel Nr 3.
Rippenmuster: 1 M re, 1 M li im Wechsel
Gl re: Hin-R re, Rück-R li; in Rd nur re M
Kr re: Hin- und Rück-R re; in Rd 1 Rd re und 1 Rd li im Wechsel
Hahnentrittmuster: Gl re lt Zählmuster zu Modell 59 in Norwegertechnik mit mehreren Knäueln arb, dabei den unbenutzten Faden stets locker auf der Arbeitsrückseite mitführen. Die 1.-6. Rd stets wdh.
Maschenprobe, gl re: 30 M + 42 R = 10 x 10 cm
Ausführung: Anschlag je 66 M in Schwarz (= 1. + 4. N je 16 M, 2. + 3. N je 17 M), dann je 2 Rd kr re in Schwarz und in Weiß str. Anschließend 24 Rd Hahnentrittmuster und je 2 Rd kr re in Weiß und in Schwarz arb. Nun die Arb für den Umschlag umstülpen und zunächst 7 cm Rippenmuster in Schwarz str, dann im Hahnentrittmuster weiterarb, jedoch die Fb gegeneinander austauschen. Nach 15 cm ab Umschlag mit der Ferse in Schwarz beginnen. Die Socken nach den allgemeinen Strumpfregeln auf Seite 10-12 weiterstr, dabei die äußeren je 3 M der Fersenwand kr re arb. Nach der Ferse im Hahnentrittmuster weiterstr. Nach 20 cm ab Fersenmitte mit der Bandspitze in Weiß beginnen, dabei für die Abnahmen jeweils die dritt- und zweitletzte M der 1. und 4. N überzogen zusstr (= 1 M re abheben, 1 M re, die abgehobene M überziehen) sowie die 2. und 3. M der 2. und 4. N re zusstr.
Fertigstellung: Den Umschlag nach außen schlagen.

Socken im Karomuster

Modell 60

Größe: 37/38

Material: ca. 100 g Schwarz Fb 2066 und ca. 50 g Superweiß Fb 2080: Qual Regia 4-fädig (75 % Schurwolle, 25 % Polyamid, LL = 210 m/50 g) von SCHACHENMAYR. Prym-N-Spiel Nr 3.
Rippenmuster: 1 M re, 1 M li im Wechsel
Gl re: Hin-R re, Rück-R li; in Rd nur re M
Kr re: Hin- und Rück-R re; in Rd 1 Rd re und 1 Rd li im Wechsel
Karomuster: Gl re lt Zählmuster zu Modell 60 in Norwegertechnik mit mehreren Knäueln arb, dabei den unbenutzten Faden stets locker auf der Arbeitsrückseite mitführen. Die 1.-12. Rd stets wdh.
Musterfolge: 12 Rd Weiß, 12 Rd Karomuster, 8 Rd Schwarz, 2 Rd Weiß, 8 Rd Schwarz, 7.-12. Rd Karomuster, 10 Rd Schwarz und 2 Rd Weiß, weiter in Schwarz
Maschenprobe, gl re: 30 M + 42 R = 10 x 10 cm
Ausführung: Anschlag je 70 M in Schwarz (= 1. + 3. N je 17 M, 2. + 4. N je 18 M) und 3 Rd Rippenmuster str. Anschließend 24 Rd Karomuster, dann in Schwarz 4 Rd Rippen-muster und 1 Loch-Rd (= 1 U, 2 M re zusstr im Wechsel) arb. Nun die Arb für den Um-schlag umstülpen und zunächst in Schwarz 7 cm im Rippenmuster str, dann gl re lt Musterfolge weiterarb. Nach 18 Rd ab Rippenmuster mit der Ferse in Schwarz beginnen. Die Socken nach den allgemeinen Strumpfregeln auf Seite 10-12 weiterstr, dabei die äußeren je 3 M der Fersenwand kr re arb. Nach der Ferse gl re die Musterfolge fortsetzen. Nach 19 cm ab Fersenmitte mit der Bandspitze in Schwarz beginnen, dabei für die Abnahmen jeweils die dritt- und zweitletzte M der 1. und 3. N überzogen zusstr (= 1 M re abheben, 1 M re, die abgehobene M überziehen) sowie die 2. und 3. M der 2. und 4. N re zusstr.
Fertigstellung: Den Umschlag nach außen schlagen.

Zählmuster zu Modell 61

X	X	X	X	X	X	X	X	X	X	X	X	X	33
X				X	X		X	X				X	32
	X	X			X	X	X			X	X		31
		X	X			X			X	X			30
	X		X	X				X	X		X		29
X	X	X		X	X		X	X		X	X	X	28
	X				X	X	X				X		27
	X				X	X	X				X		26
X	X	X		X	X		X	X		X	X	X	25
	X		X	X				X	X		X		24
		X	X			X			X	X			23
	X	X			X	X	X			X	X		22
X				X	X		X	X				X	21
X	X	X	X	X	X	X	X	X	X	X	X	X	20
X	X	X	X	X	X	X	X	X	X	X	X	X	19
													18
													17
	X	X	X			X			X	X	X		16
X			X	X				X	X			X	15
X	X			X	X		X	X			X	X	14
X		X			X	X	X			X		X	13
			X			X			X			X	12
X		X	X	X				X	X	X		X	11
X		X	X	X				X	X	X		X	10
			X			X			X				9
X		X			X	X	X			X		X	8
X	X			X	X		X	X			X	X	7
X			X	X				X	X			X	6
	X	X	X			X			X	X	X		5
													4
													3
X	X	X	X	X	X	X	X	X	X	X	X	X	2
X	X	X	X	X	X	X	X	X	X	X	X	X	1

MS

Zählmuster 2 zu Modell 60

X		X		X						12
	X		X							11
X		X		X						10
	X		X							9
X		X		X						8
	X		X							7
X	X	X	X	X	X		X		X	6
X	X	X	X	X		X		X		5
X	X	X	X	X	X		X		X	4
X	X	X	X	X		X		X		3
X	X	X	X	X	X		X		X	2
X	X	X	X	X		X		X		1

MS

Zählmuster zu Modell 62

X	X	X	X	X	X	X	X	X	X	X	X	X	18
X		X	X	X		X		X	X	X		X	17
X			X	X	X		X	X	X			X	16
X				X	X	X	X	X				X	15
X					X	X	X					X	14
X	X					X					X	X	13
X	X	X				X				X	X	X	12
	X	X	X			X			X	X	X		11
	X	X	X	X		X		X	X	X	X		10
X					X		X					X	9
X				X	X		X	X				X	8
			X	X	X	X	X	X	X				7
		X	X	X	X		X	X	X	X			6
	X	X	X	X				X	X	X	X		5
	X	X	X						X	X	X		4
	X	X				X				X	X		3
	X				X		X				X		2
													1

MS

Zählmuster zu Modell 59

				X	X	6
X				X		5
X					X	4
X	X	X		X	X	3
X	X		X	X	X	2
X		X	X	X	X	1

MS

Zeichenerklärung:

1 Kästchen = 1 M + 1 Rd

[X] = Schwarz

[ ] = Weiß

Streifensocken mit Umschlag
Modell 61

Größe: 40/41

Material: ca. 100 g Superweiß Fb 2080 und ca. 50 g Schwarz Fb 2066: Qual Regia 4-fädig (75 % Schurwolle, 25 % Polyamid, LL = 210 m/50 g) von SCHACHENMAYR. Prym-N-Spiel Nr 3.
Gl re: Hin-R re, Rück-R li; in Rd nur re M
Kr re: Hin- und Rück-R re Jacquardmuster: Gl re lt Zählmuster zu Modell 61 in Norwegertechnik mit mehreren Knäueln arb, dabei den unbenutzten Faden stets locker auf der Arbeitsrückseite mitführen.
Streifenfolge: je 4 Rd *Weiß, Schwarz, Weiß und Schwarz, 8 Rd Weiß, ab * stets wdh
Maschenprobe, gl re: 30 M + 42 R = 10 x 10 cm
Ausführung: Anschlag je 65 M in Weiß (= 1.-3. N je 16 M, 4. N 17 M) und 1 Rd li M str. Anschließend 33 Rd Jacquardmuster und in Schwarz 1 Rd li M arb. Nun die Arb für den Umschlag umstülpen und in Weiß gl re weiterarb, dabei in der 1. Rd auf der 4. N 1 M abnehmen = 64 M. Nach 14 cm ab Umschlag mit der Ferse in Schwarz beginnen. Die Socken nach den allgemeinen Strumpfregeln auf Seite 10-12 weiterstr, dabei die äußeren je 2 M der Fersenwand kr re arb. Nach der Ferse gl re lt Streifenfolge weiterstr. Nach 21 cm ab Fersenmitte mit der Bandspitze in Schwarz beginnen
Fertigstellung: Den Umschlag nach außen schlagen.

Ringelsocken mit Umschlag
Modell 62

Größe: 39/40

Material: Je ca. 100 g Schwarz Fb 2066 und Superweiß Fb 2080: Qual Regia 4-fädig (75 % Schurwolle, 25 % Polyamid, LL = 210 m/50 g) von SCHACHENMAYR. Prym-N-Spiel Nr 3.
Rippenmuster: 2 M re, 2 M li im Wechsel
Gl re: Hin-R re, Rück-R li; in Rd nur re M
Kr re: Hin- und Rück-R re M
Jacquardmuster: Gl re lt Zählmuster zu Modell 62 in Norwegertechnik mit mehreren Knäueln arb, dabei den unbenutzten Faden stets locker auf der Arbeitsrückseite mitführen. Die 1.-18. Rd 2 x arb.
Streifenfolge: je 2 Rd Weiß und Schwarz im Wechsel
Maschenprobe, gl re: 30 M + 42 R = 10 x 10 cm
Ausführung: Anschlag je 64 M in Schwarz (= 16 M pro N) und 2 Rd Rippenmuster str, dabei in der letzten Rd 1 M zunehmen = 65 M. Anschließend 36 Rd Jacquardmuster arb, dabei in der letzten Rd wieder 1 M abnehmen, dann in Schwarz 4 Rd Rippenmuster str. Nun für die Arb für den Umschlag umstülpen und im Rippenmuster lt Streifenfolge weiterarb. Nach 17 cm ab Umschlag mit der Ferse in Schwarz beginnen. Die Socken nach den allgemeinen Strumpfregeln auf Seite 10-12 weiterstr, dabei die äußeren je 2 M der Fersenwand kr re arb. Nach der Ferse gl re lt Streifenfolge weiterstr. Nach 20,5 cm ab Fersenmitte mit der Bandspitze in Schwarz beginnen.
Fertigstellung: Den Umschlag nach außen schlagen.

Musterstark & farbenfroh

Mustersocken in Eis
Modell 63

Größe: 38/39

Material: ca. 100 g Eisblau Fb 1004: Qual Fortissima/Socka (75 % Schurwolle, 25 % Polyamid, LL = 210 m/50 g) von SCHOELLER + STAHL. Prym-N-Spiel Nr 2,5
Rippenmuster:
1. Rd: *1 M re verschr, 1 M li, ab * wdh
2. Rd: re M
Die 1. und 2. Rd stets wdh.
Gl re: Hin-R re, Rück-R li; in Rd nur re M
Kr re: Hin- und Rück-R re M
FantasieZopfmuster: Lt Strickschrift arb. In den geraden Rd die M str, wie sie erscheinen. Die 1.-18. Rd 1 x arb, dann die 3.-18. Rd stets wdh.
Maschenprobe, gl re: 30 M + 42 R = 10 x 10 cm
Ausführung: Anschlag je 60 M (= 15 M pro N) und für den Bund je 1 Rd li M, re M und li M, 8 Rd Rippenmuster und je 1 Rd re M, li M, re M und li M str. Dann im Fantasiezopfmuster weiterarb, dabei in der 1. Rd verteilt 4 M zunehmen = 64 M (= 16 M pro N). Nach 54 Rd ab Bund verteilt 4 M abnehmen und über 30 M mit der Ferse beginnen. Die Socken nach den allgemeinen Strumpfregeln auf Seite 10-12 weiterstr, dabei die äußeren je 3 M der Fersenwand kr re str. Nach der Ferse die M der 1. und 4. N gl re, die M der 2. und 3. N im Rippenmuster weiterarb. Nach 20,5 cm ab Fersenmitte mit der Bandspitze beginnen, dabei für die Abnahmen jeweils die dritt- und zweitletzte M der 1. und 3. N re verschr zusstr sowie die 2. und 3. M der 2. und 4. N re zusstr.

Mustersocken in Lila
Modell 64

Größe: 38/39

Material: ca. 100 g Lila Fb 1014: Qual Fortissima/Socka (75 % Schurwolle, 25 % Polyamid, LL = 210 m/50 g)von SCHOELLER + STAHL. Prym-N-Spiel Nr 2,5.
Rippenmuster: 1 M re, 1 M li im Wechsel
Gl re: Hin-R re, Rück-R li; in Rd nur re M
Kr re: Hin- und Rück-R re M
Strukturmuster: Lt Strickschrift A zu Modell 64 arb. Die 1.-8. Rd stets wdh.
NoppenZopfmuster: Lt Strickschrift B zu Modell 64 arb. In den geraden Rd die M str, wie sie erscheinen, Noppen-M re str. Die 1.-16. Rd stets wdh.
Maschenprobe, gl re: 30 M + 42 R = 10 x 10 cm
Ausführung: Anschlag je 72 M (= 18 M pro N) und für den Umschlag je 1 Rd li M, re M und li M, 16 Rd Strukturmuster und je 1 Rd li M, re M und li M str. Dann die Arb umstülpen und noch 10 Rd Rippenmuster str. Anschließend im Noppenzopfmuster weiterarb. Nach 48 Rd ab Rippenmuster verteilt 8 M abnehmen = 64 M (= 16 M pro N) und glatt re weiterarb, dabei die M so einteilen, dass je ein Noppenzopf in der vorderen und hinteren Mitte liegt. Nun mit der Ferse beginnen und die Socken nach den allgemeinen Strumpfregeln auf Seite 10-12 weiterstr, dabei die äußeren je 3 M der Fersenwand kr re str. Nach 20,5 cm ab Fersenmitte mit der Bandspitze beginnen, dabei für die Abnahmen jeweils die dritt- und zweitletzte M der 1. und 3. N re verschr zusstr sowie die 2. und 3. M der 2. und 4. N re zusstr.
Fertigstellung: Den Umschlag nach außen schlagen

Mustersocken
Modell 65

Größe: 38/39

Material: ca. 100 g Himbeer Fb 1012: Fortissima/Socka (75 % Schurwolle, 25 % Polyamid, LL = 210 m/50 g) von SCHOELLER + STAHL. Prym-N-Spiel Nr 2,5.
Gl re: Hin-R re, Rück-R li; in Rd nur re M
Kr re: Hin- und Rück-R re M; in Rd abwechselnd je 1 Rd re und li M
Aranmuster: Lt. Strickschrift arb. In den geraden Rd die M str, wie sie erscheinen, Noppen-M li str. Die 1.-36. Rd stets wdh.
Maschenprobe, gl re: 30 M + 42 R = 10 x 10 cm
Ausführung: Anschlag je 65 M (= 1. N 19 M, 2. N 18 M, 3. N 15 M und 4. N 13 M) und für den Rollrand 5 cm gl re str, dann im Aranmuster weiterarb. Nach 72 Rd ab Rollrand auf der 2. N 1 M abnehmen und die M gleichmäßig verteilen = 64 M (= 16 M pro N). Nun mit der Ferse beginnen und die Socken nach den allgemeinen Strumpfregeln auf Seite 10-12 weiterstr, dabei die äußeren je 3 M der Fersenwand kr re str. Nach der Ferse die M der 1. und 4. N gl re, die M der 2. und 3. N kr re weiterarb. Nach 20,5 cm ab Fersenmitte mit der Bandspitze beginnen, dabei die M der 2. und 3. N weiter kr re str. Für die Abnahmen jeweils die dritt- und zweitletzte M der 1. und 3. N re verschr zusstr sowie die 2. und 3. M der 2. und 4. N re zusstr.

Strickschrift zu Modell 63

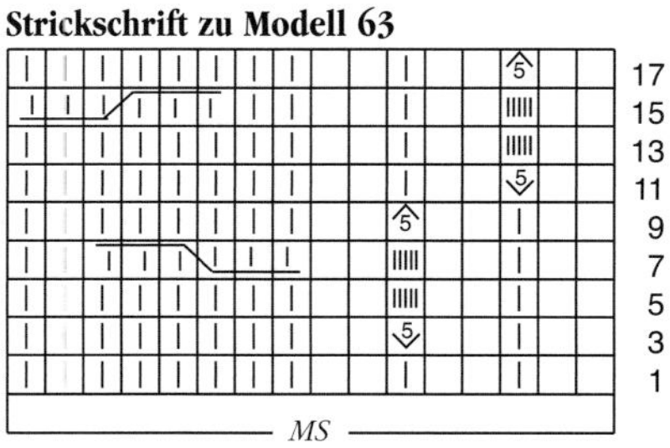

Zeichenerklärung zu Modell 63:
= 1 M re
= 5 M re
= 1 M li
= aus 1 M 5 M herausstr (= 1 M re, 1 U im Wechsel)
= 5 M re verschr zusstr
= 3 M auf 1 Hilfs-N vor die Arb legen, 3 M re, die M der Hilfs-N re
= 3 M auf 1 Hilfs-N hinter die Arb legen, 3 M re, die M der Hilfs-N re

Strickschrift A zu Modell 64

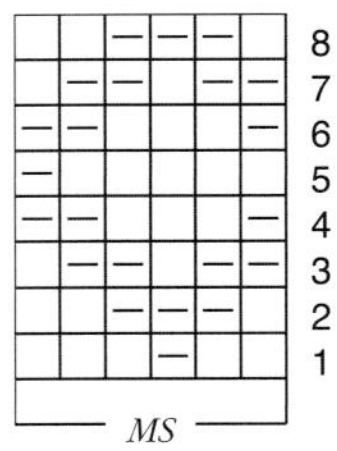

Strickschrift B zu Modell 64

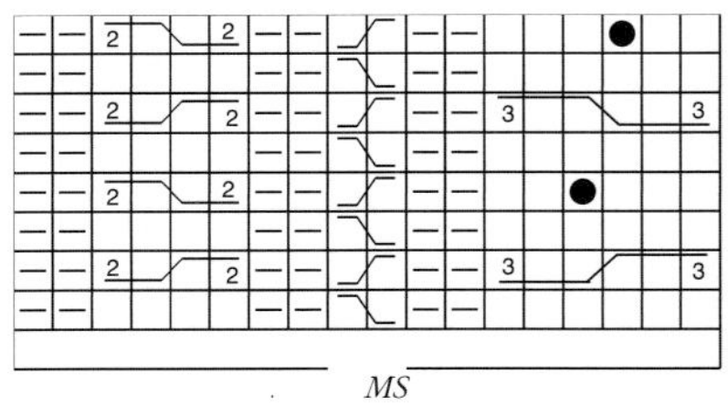

Strickschrift zu Modell 65

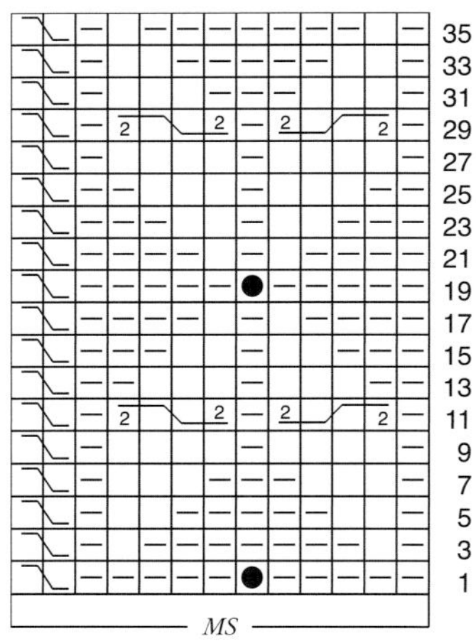

Zeichenerklärung Modelle 64 + 65
= 1 M re
= 1 M li
= die 2. hinter der 1. M re, die 1. M re
= die 2. vor der 1. M re, die 1. M re
= 1 Noppe: aus 1 M 5 M herausstr (= 1 M re, 1 U im Wechsel), 3 R kr re str, dann die 5 M re verschr zusstr
= 2 M auf 1 Hilfs-N hinter die Arb legen, 2 M re, die M der Hilfs-N re
= 2 M auf 1 Hilfs-N vor die Arb legen, 2 M re, die M der Hilfs-N re
3 M auf 1 Hilfs-N hinter die Arb legen, 3 M re, die M der Hilfs-N re
3 M auf 1 Hilfs-N vor die Arb legen, 3 M re, die M der Hilfs-N re

Socken und Schühchen für Minis

Babyschühchen mit Band

Modell 66

Größe: 18-20

Material: Je ca. 50 g Pink Fb 41 und Rosa Fb 40: Qual Merino Soft (100 % Merinowolle superwash, LL = 130 m/50 g) von SCHOELLER + STAHL. Prym-Schnellstrick-N Nr 3, N-Spiel Nr 3 und Häkel-N Nr 3. ca. 100 cm farblich passendes Bändchen.
Rippenmuster: 1 M re, 1 M li im Wechsel
Gl re: Hin-R re, Rück-R li; in Rd nur re M
Kr re: Hin- und Rück-R re M
Maschenprobe, gl re: 22 M + 27 R = 10 x 10 cm
Ausführung: Anschlag je 7 M in Rosa für die Sohle und kr re str, dabei beids in jeder 2. R 4 x 1 M zunehmen = 15 M. Weitere 30 R str. Dann beids in jeder 2. R 4 x 1 M abnehmen = 7 M, nun restl M abk. Für das Seitenteil mit dem N-Spiel aus dem Sohlenrand 60 M in Pink auffassen, dann 1 Rd li M, 12 Rd re M und 1 Rd li M str. Die vord Mitte mit einem Fd markieren und beids der Markierung 12 M stilllegen. Über die restl 36 M für den Schaft in offener Arb 28 R kr re str, dabei in der 7. R und 2 x nach je 8 R die Löcher wie folgt arb; Rdm, 1 M re, 2 M re zusstr, 1 U, 28 M re, 1 U, 1 einf Überzug (= 1 M re abheben, 1 M re, die abgehobene M überziehen), 1 M re, Rdm.
Nun für das Fußblatt und die Lasche über die mittl 4 stillgelegten M in Rosa kr re str, dabei in jeder Hin-R beids 1 M mehr auf die N nehmen und mit der ersten bzw. letzten M des Fußblatts re zusstr, gleichzeitig in jeder Hin-R 3 x die mittl 2 M verdopp = 10 M. Wenn die stillgelegten M beids aufgebraucht sind, noch 34 R kr re str, dann die M abk.
Fertigstellung: Seiten- und Oberkante der Lasche in Rosa mit 1 R fM umhäkeln. Vordere und obere Kante des Schafts von li sowie die letzte pinkfarbene R am Fußblatt in Pink mit 1 R fM umhäkeln. Das Band halbieren, durch die Löcher fädeln und zur Schleife binden.

Babysöckchen
Modell 67

Größe: 18-20

Material: ca. 25 g Cyclam Fb 3912: Qual Baby (100 % Schurwolle superwash, LL = 95 m/25 g), ca. 26 g oder ein Rest Clown Fb 3875: Qual Baby Color (100 % Schurwolle superwash, LL = 95 m/25 g), beide Qual von SCHOELLER + STAHL. Prym-N-Spiel Nr 2,5 und 3; Häkel-N Nr 2,5.
Rippenmuster mit N Nr 2,5: 1 M re, 1 M li im Wechsel
Gl re mit N Nr 3: Hin-R re, Rück-R li; in Rd nur re M
Maschenprobe, gl re: 28 M + 38 R = 10 x 10 cm
Ausführung: Anschlag je 40 M in Cyclam (= 10 M pro N) und 8 cm Rippenmuster str. Dann gl re weiterarb und mit der Ferse beginnen. Die Söckchen nach den allgemeinen Strumpfregeln auf Seite 10-12 weiterstr. Nach 9 cm ab Fersenmitte mit der Bandspitze beginnen, dabei die Abnahmen noch 1 x in der 3. Rd und 1 x in der 2. Rd, dann in jeder Rd wdh.
Fertigstellung: Den Anschlagrand der Söckchen mit Clown wie folgt behäkeln: **1. Rd:** fM, Rd mit 1 KettM schließen; **2. Rd:** *5 fM in eine Einstichstelle, 1 fM, 2 Lftm, 5 zus abgem Stb, 2 Lftm, 1 fM, ab * wdh, Rd mit 1 KettM schließen. Den Schaft zur Hälfte nach außen schlagen.

Babyschühchen mit Spange
Modell 68

Größe: 18-20

Material: Je ca. 25 g Cyclam Fb 2912 und Weiß Fb 3901: Qual Baby (100 % Schurwolle superwash, LL = 95 m/25 g) von SCHOELLER + STAHL. Prym-Schnellstrick-N Nr 2,5 und Häkel-N Nr 2,5. Zwei Knöpfe
Rippenmuster: 1 M re, 1 M li im Wechsel
Gl re: Hin-R re, Rück-R li M
Kr re: Hin- und Rück-R re M
Maschenprobe, gl re: 28 M + 28 R = 10 x 10 cm
Ausführung: Anschlag je 47 M in Weiß und für den Schaft 9 cm Rippenmuster str. Nun über die mittl 13 M in Weiß gl re 3,5 cm str, restl M stilllegen. Anschließend in Cyclam wie folgt weiterarb: die stillgelegten 17 M am re Rand abstr, aus der Kante des Fußblatts 9 M herausstr, die mittl 13 M abstr, aus der li Kante des Fußblatts 9 M herausstr und restl 17 M abstr = 65 M. Nun 2 cm kr re str, dann mit der Sohle wie folgt beginnen: **1. R:** 2 M re zusstr, 29 M re, 3 M re zusstr, 29 M re, 2 M re verschr zusstr = 61 M; **2. + 4. R:** li M; **3. R:** 2 M re zusstr, 27 M re, 3 M re zusstr, 27 M re, 2 M re verschr zusstr = 57 M; **5. R:** 2 M re zusstr, 25 M re, 3 M re zusstr, 25 M re, 2 M re verschr zusstr = 53 M. Dann alle M stilllegen.
Fertigstellung: Die Sohlennaht im M-Stich und die rückwärtige Naht schließen. Für die Spangen je 1 Lftm-Kette in Cyclam aus 24 Lftm anschl und 1 R fM häkeln. Die Spange lt Abbildung mit 1 Knopf am Schühchen befestigen.

Mustervielfalt in Grau

Graue Struktursocken
Modell 69

Größe: 44/45

Material: ca. 150 g Hellgrau Fb 0005: Jawoll (75 % Schurwolle, 18 % Polyamid, 7 % Acryl, LL = 190 m/45 g + 5 g Beigarn) von LANG. Prym-N-Spiel Nr 3.
Gl re: Hin-R re, Rück-R li; in Rd nur re M
Kl Perlmuster: 1 M re, 1 M li im Wechsel, in jeder Rd versetzen
Kr re: in Rd abwechselnd je 1 Rd re und li M
Strukturmuster 1 bis 4: Lt Strickschrift 1 bis 4 arb. Die gezeichneten Rd stets wdh.
Musterfolge: *1 Rd re, 2 Rd kr re, 1 Rd re, dabei 1 M abnehmen = 63 M, 12 Rd Muster 1, 1 Rd re, dabei wieder 1 M zunehmen, 2 Rd kr re, 1 Rd re, 12 Rd Muster 2, 1 Rd re, 2 Rd kr re, 1 Rd re, dabei 1 M zunehmen = 65 M, 14 Rd Muster 3, 1 Rd re, dabei wieder 1 M abnehmen, 2 Rd kr re, 1 Rd re und 12 Rd Muster 4, ab * wdh.
Maschenprobe, gl re: 28 M + 40 R = 10 x 10 cm
Ausführung: Anschlag je 64 M (= 16 M pro N) und für den Bund 4 cm im kl Perlmuster str. Dann gemäß Musterfolge weiterarb. Nach 70 Rd ab Bund mit der Ferse beginnen und die Socken nach den allgemeinen Strumpfregeln auf Seite 10-12 weiterstr. Nach der Ferse die M der 1. und 4. N gl re sowie die M der 2. und 3. N gemäß Musterfolge weiterarb. Nach 23 cm ab Fersenmitte mit der Bandspitze beginnen.

Socken im Aranmuster
Modell 70

Größe: 44/45

Material: ca. 150 g Anthrazit Fb 0003: Qual Jawoll (75 % Schurwolle, 18 % Polyamid, 7 % Acryl, LL = 190 m/45 g + 5 g Beigarn) von LANG. Prym-N-Spiel Nr 3.
Rippenmuster: 2 M re, 2 M li im Wechsel
Gl re: Hin-R re, Rück-R li; in Rd nur re M
Aranmuster: Lt Strickschrift arb. Die 1.-16. Rd stets wdh.
Maschenprobe, gl re: 28 M + 40 R = 10 x 10 cm
Ausführung: Anschlag je 64 M (= 16 M pro N) und für den Bund 12 cm Rippenmuster str. Dann im Aranmuster weiterarb. Nach 48 Rd ab Bund mit der Ferse beginnen und die Socken nach den allgemeinen Strumpfregeln auf Seite 10-12 weiterstr. Nach der Ferse die M der 1. und 4. N gl re sowie die M der 2. und 3. N im Aranmuster weiterarb. Nach 23 cm ab Fersenmitte mit der Bandspitze beginnen.
Fertigstellung: Den Bund zur Hälfte nach außen schlagen.

Melierte Socken
Modell 71

Größe: 44/45

Material: ca. 100 g Anthrazit meliert Fb 0037 und ca. 50 g Anthrazit Fb 0003: Jawoll (75 % Schurwolle, 18 % Polyamid, 7 % Acryl, LL = 190 m/45 g + 5 g Beigarn) von LANG. Prym-N-Spiel Nr 3.
Gl re: Hin-R re, Rück-R li; in Rd nur re M
Grundmuster: Lt Strickschrift arb. Die 1.-12. Rd stets wdh.
Maschenprobe, gl re: 28 M + 40 R = 10 x 10 cm
Ausführung: Anschlag je 64 M in Anthrazit meliert (= 16 M pro N), dann für den Saum 5 cm gl re und für den Bruch 1 Rd li M str. Anschließend im Grundmuster weiterarb. Nach 18 cm ab Bruch mit der Ferse in Anthrazit beginnen und die Socken nach den allgemeinen Strumpfregeln auf Seite 10-12 weiterstr. Nach der Ferse in Anthrazit meliert weiterarb, dabei die M der 1. und 4. N gl re sowie die M der 2. und 3. N im Grundmuster str. Nach 23 cm ab Fersenmitte mit der Bandspitze in Anthrazit beginnen.
Fertigstellung: Den Saum am Bruch nach innen schlagen und annähen.

Strickschrift 1 zu Modell 69

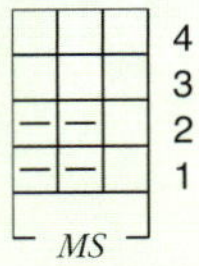

Strickschrift 2 zu Modell 69

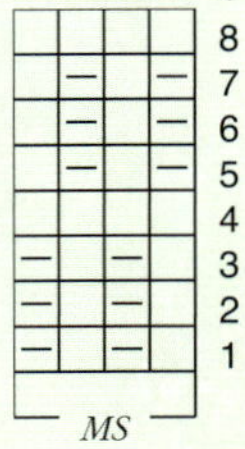

Strickschrift 3 zu Modell 69

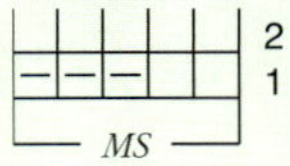

Strickschrift 4 zu Modell 69

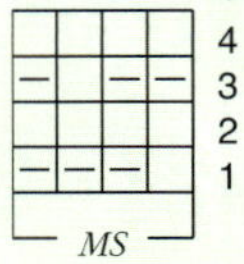

Zeichenerklärung:
= 1 M re
= 1 M li

Strickschrift zu Modell 70

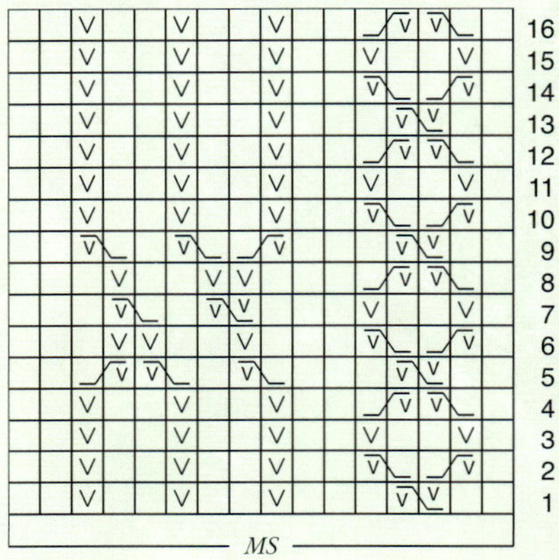

Zeichenerklärung zu Modell 70:
= 1 M re verschr
= 1 M li
= 1 M auf 1 Hilfs-N vor die Arb legen, 1 M re verschr, die M der Hilfs-N re verschr
= 1 M auf 1 Hilfs-N vor die Arb legen, 1 M li, die M der Hilfs-N re verschr
= 1 M auf 1 Hilfs-N hinter die Arb legen, 1 M re verschr, die M der Hilfs-N li

Strickschrift zu Modell 71:

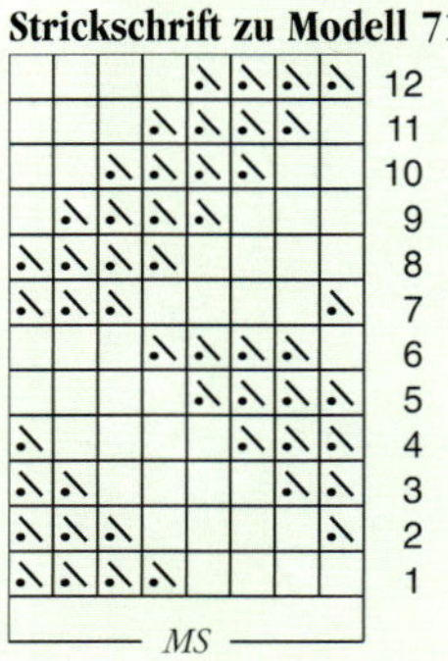

Zeichenerklärung zu Modell 71:
= 1 M re
= 1 M li abheben, Fd liegt vor der M

Grau – mal ganz flott

Herrensocken mit Rauten

Modell 72

Größe: 43/44

Material: 100 g Graugeringel Fb 81: Qual Treccing (75 % Schurwolle, 25 % Polyamid, LL = 210 m/50 g) von ATELIER ZITRON. Prym-N-Spiel Nr 2,5 und 3.

Rippenmuster mit N Nr 2,5: 1 M re, 1 M li im Wechsel

Die folg Muster mit N Nr 3 str!

Gl re: Hin-R re, Rück-R li; in Rd nur re M

Kr re: Hin- und Rück-R re

Zopf-Rautenmuster: Gemäß Strickschrift arb. In den geraden Rd die M str, wie sie erscheinen. Die gezeichneten Rd stets wdh.

Maschenprobe, gl re: 30 M + 42 R = 10 x 10 cm

Ausführung: Anschlag je 72 M (= 18 M pro N) und 3 cm Rippenmuster str, dabei in der letzten Rd verteilt 12 M zunehmen = 84 M (= 1. + 3. N je 18 M, 2. + 4. N je 24 M). Anschließend im Zopf-Rautenmuster weiterarb. Nach 78 Rd ab Bund die M neu verteilen, sodass je 18 M Zopfmuster in der vorderen bzw. hinteren Mitte liegen. Das vordere Zopfmuster fortsetzen, restl M gl re str, dabei verteilt 12 M abnehmen = 72 M. Gleichzeitig mit der Ferse über 36 M beginnen und die Socken nach den allgemeinen Strumpfregeln auf Seite 10-12 weiterstr. Dabei die äußeren je 3 M der Fersenwand kr re str. Nach der Ferse das vordere Zopfmuster fortsetzen, restl M gl re str. Nach 22 cm ab Fersenmitte mit der Bandspitze beginnen.

Strickschrift zu Modell 72:

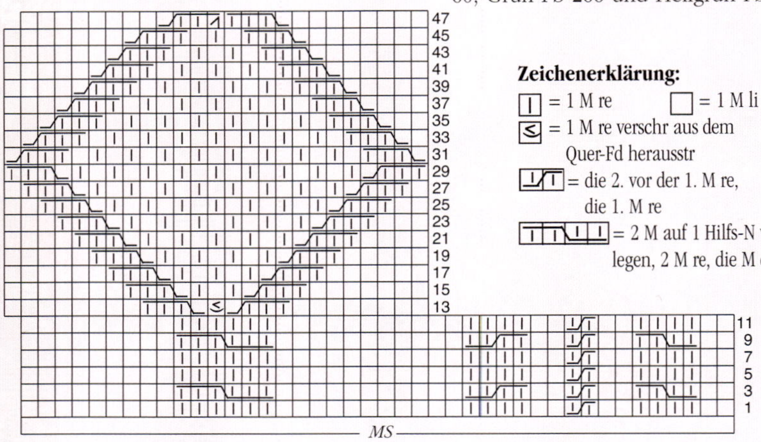

Zeichenerklärung:

= 1 M re
= 1 M li
= 1 M re verschr aus dem Quer-Fd herausstr
= die 2. vor der 1. M re, die 1. M re
= 2 M auf 1 Hilfs-N vor die Arb legen, 2 M re, die M der Hilfs-N re
= 2 M auf 1 Hilfs-N hinter die Arb legen, 2 M re, die M der Hilfs-N re
= 3 M auf 1 Hilfs-N vor die Arb legen, 3 M re, die M der Hilfs-N re
= 1 M auf 1 Hilfs-N hinter die Arb legen, 3 M re, die M der Hilfs-N li
= 3 M auf 1 Hilfs-N vor die Arb legen, 1 M li, die M der HIlfs-N re
= 1 M auf 1 Hilfs-N hinter die Arb legen, 2 M re zusstr und 2 M re, dann die M der Hilfs-N li = 1 M re

Zopf-Socken mit Rose

Modell 73

Größe: 40/41

Material: 100 g Grau Fb 1485: Qual Treccing (75 % Schurwolle, 25 % Polyamid, LL = 210 m/50 g) von ATELIER ZITRON. Zum Besticken je 1 Strang MEZ-Sticktwist in Zyklam Fb 65, Dunkelrose Fb 68, Rosa Fb 60, Grün Fb 266 und Hellgrün Fb 268. Prym-N-Spiel Nr 2,5 und 3.

Rippenmuster mit N Nr 2,5: 1 M re, 1 M li im Wechsel

Die folg Muster mit N Nr 3 str!

Gl re: Hin-R re, Rück-R li; in Rd nur re M

Kr re: Hin- und Rück-R re

Zopfmuster über 18 M:

1., 3. + 4. Rd: 2 M li, 4 M re, 2 M li, 2 M re, 2 M li, 4 M re, 2 M li

2. Rd: 2 M li, 4 M nach li verkr (= 2 M auf 1 Hilfs-N vor die Arb legen, 2 M re, die M der Hilfs-N re), 2 M li, 2 M nach re verkr (= die 2. vor der 1. M re, die 1. M re), 2 M li, 4 M nach re verkr (= 2 M auf 1 Hilfs-N hinter die Arb legen, 2 M re, die M der HIlfs-N re), 2 M li

Die 1.-4. Rd stets wdh.

Rose: Nachträglich lt Zählmuster im M-Stich aufsticken.

Maschenprobe, gl re: 30 M + 42 R = 10 x 10 cm

Ausführung: Anschlag je 68 M (= 17 M pro N) und 2 cm Rippenmuster str, dabei in der letzten Rd verteilt 8 M zunehmen = 76 M. Anschließend wie folgt weiterarb: 1. + 3. N je 18 M Zopfmuster, 2. + 4. N je 20 M gl

Strickschrift zu Modell 74

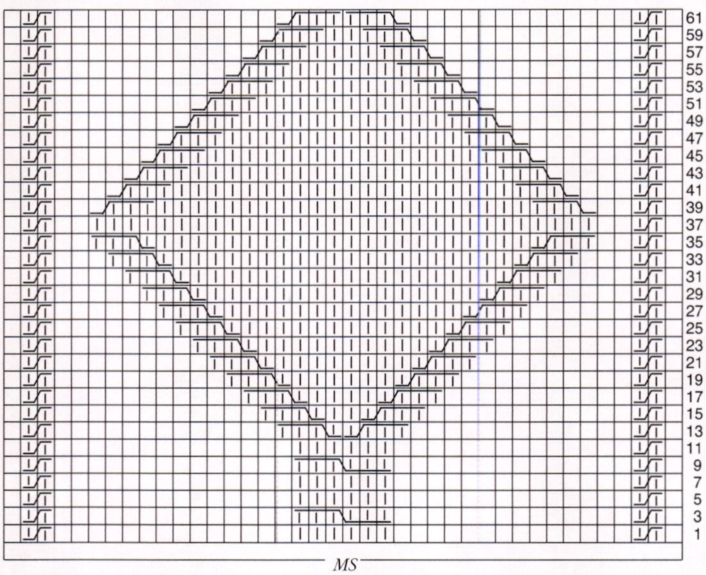

Zeichenerklärung:

= 1 M re
= 1 M li
= die 2. vor der 1. M re, die 1. M re
= 3 M auf 1 Hilfs-N vor die Arb legen, 3 M re, die M der Hilfs-N re
= 1 M auf 1 Hilfs-N hinter die Arb legen, 3 M re, die M der Hilfs-N re
= 3 M auf 1 Hilfs-N vor die Arb legen, 1 M re, die M der Hilfs-N re
= 3 M auf 1 Hilfs-N vor die Arb legen, 1 M li, die M der Hilfs-N re
= 1 M auf 1 Hilfs-N hinter die Arb legen, 3 M re, die M der Hilfs-N li

Zählmuster zu Model 74

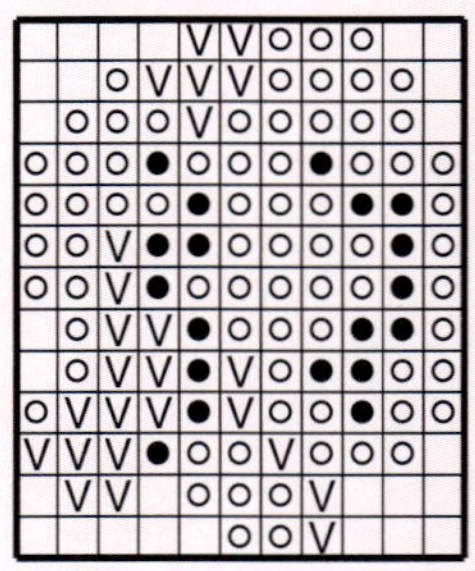

Zeichenerklärung:

1 Kästchen = 1 M + 1 Rd
V = Rosa
O = Dunkelrosa
● = Zyklam

re. Nach 18 cm ab Bund die M so verteilen, dass je 18 M Zopfmuster in der vorderen bzw. hinteren Mitte liegen. Nun das vordere Zopfmuster fortsetzen, restl M gl re str, dabei verteilt 8 M abnehmen = 68 M. Gleichzeitig mit der Ferse beginnen und die Socken nach den allgemeinen Strumpfregeln auf Seite 10-12 weiterstr. Dabei die äußeren je 3 M der Fersenwand kr re str. Nach der Ferse das vordere Zopfmuster fortsetzen, restl M gl re str. Nach 21 cm ab Fersenmitte mit der Bandspitze beginnen.
Fertigstellung: Die gl re Streifen am Schaft mit der Rose besticken, das Motiv mittig anordnen.

Zählmuster zu Modell 73

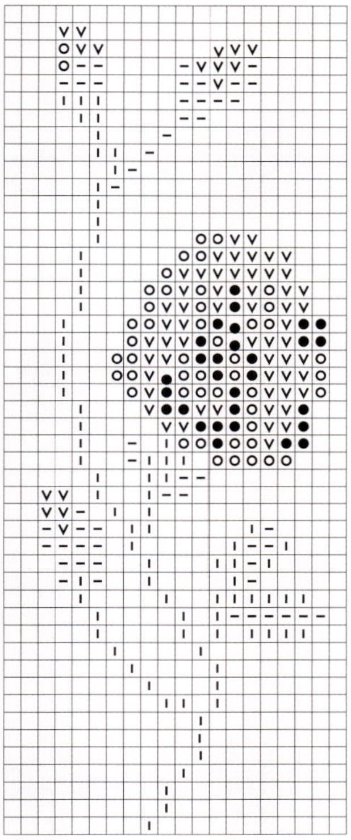

Zeichenerklärung:
1 Kästchen = 1 M + 1 Rd
● = Zyklam
V = Rosa
O = Dunkelrosa
I = Grün
– = Hellgrün

Rauten-Socken mit Rose

Modell 74

Größe: 38/39

Material: 100 g Grau Fb 1485: Qual Treccing (75 % Schurwolle, 25 % Polyamid, LL = 210 m/50 g) von ATELIER ZITRON. Zum Besticken je 1 Strang MEZ-Sticktwist in Zyklam Fb 65, Dunkelrosa Fb 68 und Rosa Fb 60. Prym-N-Spiel Nr 2,5 und 3.
Rippenmuster mit N Nr 2,5: 1 M re, 1 M li im Wechsel
Die folg Muster mit N Nr 3 str!
Gl re: Hin-R re, Rück-R li; in Rd nur re M
Gl li: in Rd nur li M
Rautenmuster über 40 M: Gemäß Strickschrift arb. In den geraden Rd die M str, wie sie er-scheinen. Die 1.-62. Rd wdh.
Rose: Nachträglich lt Zählmuster im M-Stich aufsticken.
Maschenprobe, gl re: 30 M + 42 R = 10 x 10 cm
Ausführung: Anschlag je 68 M (= 17 M pro N) und 2 cm Rippenmuster str, dabei in der letzten Rd verteilt 12 M zunehmen = 80 M (= 20 M pro N). Anschließend im Rautenmuster weiterarb. Nach 74 Rd ab Bund über den mittl 34 M des Rautenmusters je 6 M abnehmen = 68 M. Gleichzeitig mit der Ferse beginnen und die Socken nach den allgemeinen Strumpfregeln auf Seite 10-12 weiterstr. Nach der Ferse die M der 1. + 4. N gl re arb, auf der 2. + 3. N die vorderen 2 Zöpfchen fortsetzen und restl M gl li str. Nach 20 cm ab Fersenmitte mit der Bandspitze beginnen.
Fertigstellung: Die Rauten mit einer Rose besticken, das Motiv mittig anordnen.

Rosen-Romantik

Graue Bordürensocken

Modell 75

Größe: 36/37

Material: ca. 100 g Hellgrau Fb 1102: Qual Meilenweit (80 % Schurwolle, 20 % Polyamid, LL = 210 m/50 g, LL = 210 m/50 g), ca. 50 g Rosa Fb 48: Qual Elastico (96 % Baumwolle, 4 % Polyester, LL = 160 m/50 g), ca. 50 g Rose Fb 37: Qual Pep (80 % Mikrofaser, 20 % Polyamid, LL = 110 m/50 g), alle Qual von LANA GROSSA. Prym-N-Spiel Nr 2,5.

Gl re: Hin-R re M, Rück-R li M; in Rd nur re M

Rosenbordüre: Lt Zählmuster in Norwegertechnik mit mehreren Knäueln arb, dabei den unbenutzten Faden stets locker auf der Arbeitsrückseite mitführen.

Strukturmuster: Lt Strickschrift str. die 1.-12. Rd stets wdh.

Maschenprobe, gl re: 30 M + 42 R = 10 x 10 cm

Ausführung: Anschlag je 60 M mit Qual Pep (= 15 M pro N) und 1 Rd re M, 1 Rd li M und 6 Rd gl re str. Dann re mit Qual Meilenweit weiterarb und nach 4 Rd die Rosenbordüre arb, anschließend im Strukturmuster weiterstr. Nach 10 cm ab Bordüre mit der Ferse beginnen und die Socken nach den allgemeinen Strumpfregeln auf Seite 10-12 weiter-str. Dabei die äußeren je 2 M der Fersenwand kr re str. Nach der Ferse die M der 1. und 4. N gl re sowie die M der 2. und 3. N im Strukturmuster weiterarb. Nach 18,5 cm ab Fersenmitte mit der Bandspitze beginnen.

Fertigstellung: Für die Rüsche 2 Rd unterhalb der Bordüre mit Qual Pep 60 M auffassen. 4 Rd gl re und je 1 Rd li und re M str, dann die M abk.

Weiße Bordürensocken

Modell 76

Größe: 36/37

Material: ca. 100 g Wollweiß Fb 1113: Qual Meilenweit (80 % Schurwolle, 20 % Polyamid, LL = 210 m/50 g), ca. 50 g Rosa Fb 48, je ca. 50 g oder ein Rest Gelb Fb 41 und Türkis Fb 42: Qual Elastico (96 % Baumwolle, 4 % Polyester, LL = 160 m/50 g), beide Qual von LANA GROSSA. Prym-N-Spiel Nr 2,5, je 1 Prym-Häkel-N Nr 3 und 4,5.

Gl re: Hin-R re M, Rück-R li M; in Rd nur re M

Rosenbordüre: Lt Zählmuster 1 in Norwegertechnik mit mehreren Knäueln arb, dabei den unbenutzten Faden stets locker auf der Arbeitsrückseite mitführen.

Rosen: Nachträglich lt Zählmuster 2 im M-Stich aufsticken.

Rüsche: 1. Rd: fM, mit 1 KettM enden

2. Rd: 3 Lftm (= 1 Stb) und 3 x 1 Lftm + 1 Stb in die 1. M, *in die folg M 1 Stb, 1 Lftm, 1 Stb, 1 Lftm, 1 Stb, 1 Lftm und 1 Stb, ab * wdh, mit 1 KettM enden

Maschenprobe, gl re: 30 M + 42 R = 10 x 10 cm

Ausführung: Anschlag je 60 M in Wollweiß (= 15 M pro N) und gl re str, dabei nach 4 Rd die Rosenbordüre arb, dann wieder in Wollweiß weiterstr. Nach 16 cm ab Anschlag mit der Ferse beginnen und die Socken nach den allgemeinen Strumpfregeln auf Seite 10-12 weiterstr. Nach 18,5 cm ab Fersenmitte mit der Bandspitze beginnen.

Fertigstellung: Die 1. Rüsche mit N Nr 3 in Rosa auf den Anschlagrand arb, dabei in der 1. Rd nur in jede 2. M einstechen. Für die 2. Bordüre mit N Nr 4,5 in Rosa eine lockere Lftm-Kette arb, die ohne Spannung um den Schaft reicht, diese zur Rd schließen und eine Rüsche mit N Nr 3 häkeln. Die 2. Rüsche 4 Rd unter der Rosenbordüre annähen, sodass die fM unter der Rüsche liegen. Auf den Schaft den Vorderfuß nach Belieben und Abbildung verteilt je 2 Rosen in Gelb, Rosa und Türkis sticken.

Lochmustersocken

Modell 77

Größe: 32/33

Material: ca. 100 g Wollweiß Fb 1113: Qual Meilenweit (80 % Schurwolle, 20 % Polyamid, LL = 210 m/50 g), ca. 50 g oder ein Rest Rosa Fb 48: Qual Elastico (96 % Baumwolle, 4 % Polyester, LL = 160 m/50 g), ca. 50 g Rose Fb 37: Qual Pep (80 % Mikrofaser, 20 % Polyamid, LL = 110 m/50 g), alle Qual von LANA GROSSA. Prym-N-Spiel Nr. 2,5.

Zählmuster Modell 78

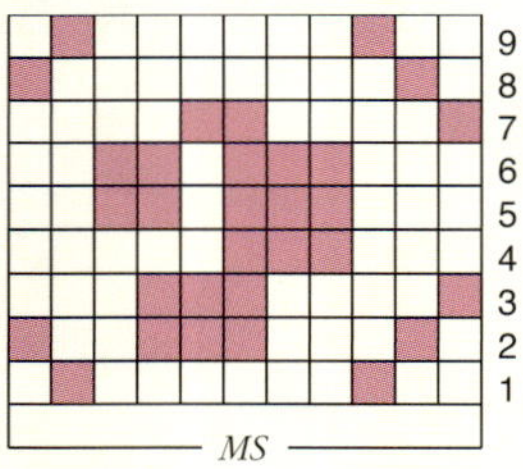

Zeichenerklärung:

1 Kästchen = 1 M + 1 Rd

☐ = M-Grund Wollweiß

■ = M-Stich Rosa

Strickschrift zu Modell 75

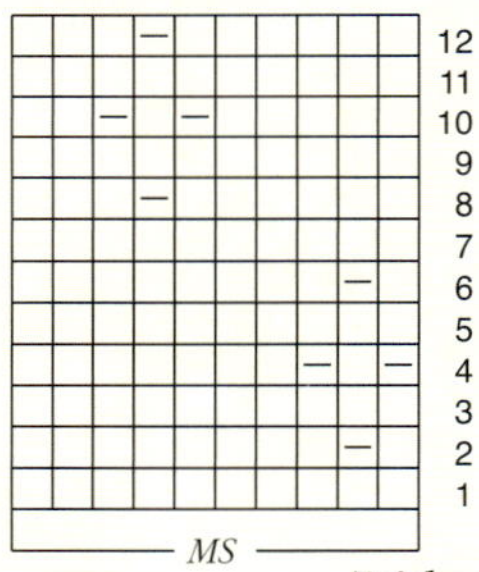

Zeichenerklärung:

☒ = 1 M-Stich in Rosa, Gelb oder Türkis

Zeichenerklärung:

☐ = 1 M re

⊟ = 1 M li

Zählmuster 2 zu Modell 76

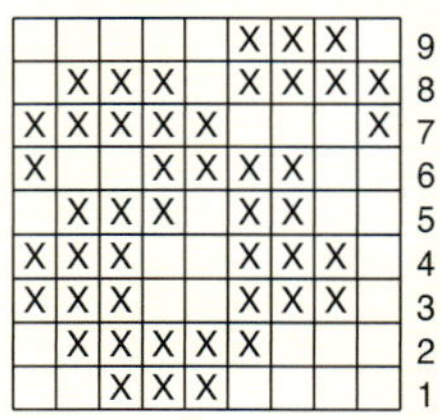

Zählmuster zu Modell 75

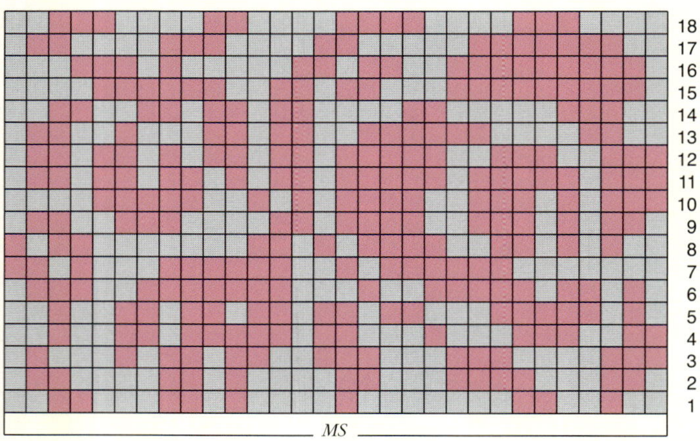

Zeichenerklärung:

1 Kästchen = 1 M + 1 Rd

☐ = Wollweiß

■ = Grau

■ = Rosa

Zeichenerklärung:

1 Kästchen = 1 M + 1 Rd

☐ = M-Grund Wollweiß

■ = M-Stich Rosa

Zählmuster 1 zu Modell 76

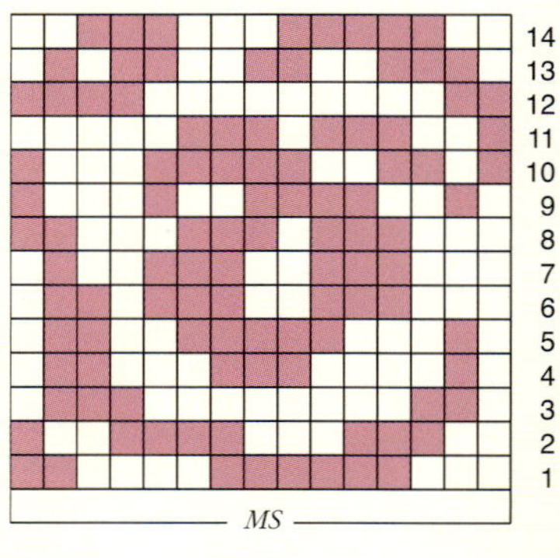

Gl re: Hin-R re M, Rück-R li M; in Rd nur re M
Lochmuster: **1.-4. Rd:** re M
5. Rd: *5 M re, 1 U, 1 einf Überzug (= 1 M re abheben, 1 M re, die abgehobene M überziehen), ab * wdh
6.-12. Rd: re M
13. Rd: *2 M re, 1 U, 1 einf Überzug, 3 M re, ab * wdh
14.-16. Rd: re M
Die 1.-16. Rd stets wdh.
Blüten: Pro Blüte um 1 Loch 7 Margeritenstiche in Rosa arb.
Maschenprobe, gl re: 30 M + 42 R = 10 x 10 cm
Ausführung: Anschlag je 56 M mit Qual Pep (= 14 M pro N) und 1 Rd re M, 1 Rd li M und 6 Rd re M str, dann in Wollweiß im Lochmuster weiterarb. Nach 15 cm ab Anschlag mit der Ferse beginnen und die Socken nach den allgemeinen Strumpfregeln auf Seite 10-12 weiterstr. Nach der Ferse die M der 1. und 4. N gl re sowie die M der 2. und 3. N im Lochmuster weiterarb. Nach 17 cm ab Fersenmitte mit der Bandspitze beginnen.
Fertigstellung: In Rosa eine ca. 50 cm lange Kordel aus 2 Fd anfertigen, durch die oberste Loch-Rd ziehen und seitlich binden. Auf den Schaft und Vorderfuß nach Belieben und Abbildung verteilt 8 Blüten sticken.

Babyschühchen
Modell 78

Größe: 9-12 Monate

Material: ca. 50 g Wollweiß Fb 01: Qual Meilenweit 6fach (80 % Schurwolle, 20 % Polyamid, LL = 120 m/50 g), ca. 50 g oder ein Rest Rosa Fb 48: Qual Elastico (96 % Baumwolle, 4 % Polyester, LL = 160 m/50 g), beide Qual von LANA GROSSA. Prym-N-Spiel Nr 3,5 und 1 Prym-Häkel-N Nr 3.
Gl re: Hin-R re M, Rück-R li M; in Rd nur re M
Kr re: Hin- und Rück-R re M; in Rd abwechselnd je 1 Rd li und re M
Rosenbordüre: Nachträglich lt Zählmuster im M-Stich aufsticken.
Rüsche: **1. Rd:** fM, mit 1 KettM enden
2. Rd: 3 Lftm (= 1 Stb) und 2 x 1 Lftm + 1 Stb in die 1. M. *in die folg M 1 Stb, 1 Lftm, 1 Stb, 1 Lftm und 1 Stb, ab * wdh, mit 1 KettM enden
Maschenprobe, gl re: 30 M + 42 R = 10 x 10 cm
Ausführung: Anschlag für die Sohle je 8 M in Wollweiß anschl und kr re str, dabei beids in jeder 2. R 2 x 1 M zunehmen = 12 M. Gerade weiterarb und nach 8 cm = 34 Rd ab Anschlag beids in jeder 2. R 2 x 1 M abnehmen = 8 M. Diese M re abstr und aus dem restl Sohlenrand insgesamt 44 M auffassen = 52 M (Sohle und Ferse je 10 M, Seitenteile je 16 M), dann 6 Rd kr re str.

Nun für das Fußblatt über den vorderen 10 M in R gl re str, dabei *am Ende der Hin-R die letzte M mit der folg M des Seitenteils überzogen zusstr (= 1 M re abheben, 1 M re, die abgehobene M überziehen), wenden und die 1. M li abheben, am Ende jeder Rück-R die letzte M mit der folg M des Seitenteils li zusstr, wenden und die 1. M re abheben. Ab * 8 x wdh, dann wieder in Rd über alle M gl re wei-terstr, dabei in der 1. Rd nochmals die letzte M des Fußblattes mit der folg M überzogen zusstr sowie die letzte M vor dem Fußblatt mit der 1. M des Fußblattes re zusstr = 32 M. Nach 8 cm ab Fuß die M abk.
Fertigstellung: Die 1. Rüsche in Wollweiß auf den Abkettrand arb. Für die 2. Rüsche in Wollweiß 34 Lftm anschl, zur Rd schließen und eine Rüsche häkeln, diese 5 Rd über dem Fuß annähen. Den Schaft mit der Rosenbordüre besticken. Je eine ca. 50 cm lange Lftm-Kette in Rosa häkeln, oberhalb der 2. Rüsche durch die M ziehen und vorne binden.

Muster mit Tradition

Herren-Struktursocken

Modell 79

Größe: 42/43

Material: ca. 150 g Wollweiß Fb 1: Qual Meilenweit 6fach (80 % Schurwolle, 20 % Polyamid, LL = 120 m/50 g) von LANA GROSSA. Prym-N-Spiel Nr 4,5.
Gl li: in Rd nur li M
Rippenmuster: 2 M re, 2 M li im Wechsel
Gl re: Hin-R re M, Rück-R li M; in Rd nur re M
Strukturmuster: Lt Strickschrift für Modell 79 arb. 2 x die 1.-12. Rd, 5 x die 13.-16. Rd, 1 x die 17.-25. Rd arb, dann die 18.-25. Rd stets wdh.
Maschenprobe, gl re: 22 M + 30 R = 10 x 10 cm
Ausführung: Anschlag je 48 M (= 12 M pro N) und für den Bund 3 Rd gl li, 1 Rd re M, 6 Rd Rippenmuster, 1 Rd re M, 3 Rd gl li und 2 Rd gl re str. Anschließend im Strukturmuster weiterstr. Nach 45 Rd ab Bund mit der Ferse beginnen und die Socken nach den allgemeinen Strumpfregeln auf Seite 10-12 weiterstr. Nach der Ferse die M der 1. und 4. N gl re str sowie auf der 2. und 3. N das Strukturmuster fortsetzen. Nach 22,5 cm ab Fersenmitte mit der Bandspitze beginnen.

Socken mit Sternbordüre

Modell 80

Größe: 39/49

Material: ca. 150 g Wollweiß Fb 1: Qual Meilenweit 6fach (80 % Schurwolle, 20 % Polyamid, LL 120 m/50 g) von LANA GROSSA. Prym-N-Spiel Nr 4,5.
Gl li: in Rd nur li M
Gl re: Hin-R re M, Rück-R li M; in Rd nur re M
Kl Perlmuster: 1 M re, 1 M li im Wechsel, in jeder Rd versetzen
Sternbordüre: Lt Strickschrift 1 arb.
Strukturmuster: Lt Strickschrift 2 arb. Die 1.-50. Rd je nach Fußlänge wdh.
Maschenprobe, gl re: 22 M + 30 R = 10 x 10 cm
Ausführung: Anschlag je 44 M (= 11 M pro N) und für den Bund 3 Rd gl li, 1 Rd re M, 4 Rd kl Perlmuster, 1 Rd re M und 3 Rd gl li str. Anschließend 25 Rd Sternbordüre arb, dabei in der 1. Rd verteilt 4 M zunehmen = 48 M (= 12 pro N), dann im Strukturmuster weiterstr. Nach 31 Rd ab Sternbordüre mit der Ferse beginnen und die Socken nach den allgemeinen Strumpfregeln auf Seite 10-12 weiterstr. Nach der Ferse die M der 1. und 4. N gl re str sowie auf der 2. und 3. N das Strukturmuster fortsetzen. Nach 21 cm ab Fersenmitte mit der Bandspitze beginnen.

Socken mit Mäusezähnchen

Modell 81

Größe: 36/37

Material: ca. 100 g Wollweiß Fb 1: Qual Meilenweit 6fach (80 % Schurwolle, 20 % Polyamid, LL = 120 m/50 g) von LANA GROSSA. Prym-N-Spiel Nr 4,5
Gl re: Hin-R re M, Rück-R li M; in Rd nur re M
Mäusezähnchen: 2 M re zusstr, 1 U im Wechsel
Gl li: in Rd nur li M
Kr re: Hin- und Rück-R re M
Strukturmuster: Lt Strickschrift zu Modell 81 arb. 1 x die 1.-13. Rd arb, dann die 14.-30. Rd stets wdh.
Maschenprobe, gl re: 22 M + 30 R = 10 x 10 cm
Ausführung: Anschlag je 44 M (= 11 M pro N) und für den Saum 3 Rd gl re, 1 Rd Mäusezähnchen und 3 Rd gl re str. Anschließend im Strukturmuster weiterarb. Nach 62 Rd ab Saum mit der Ferse beginnen und die Socken nach den allgemeinen Strumpfregeln auf Seite 10-12 weiterstr, dabei die äußeren je 3 M der Fersenwand kr re arb. Nach der Ferse die M der 1. und 4. N gl re str sowie auf der 2. und 3. N das Strukturmuster fortsetzen. Nach 18,5 cm ab Fersenmitte mit der Bandspitze beginnen.

Zeichenerklärung zu den Zählmustern:
□ = 1 M re
⊟ = 1 M li

Strickschrift 2 zu Modell 80

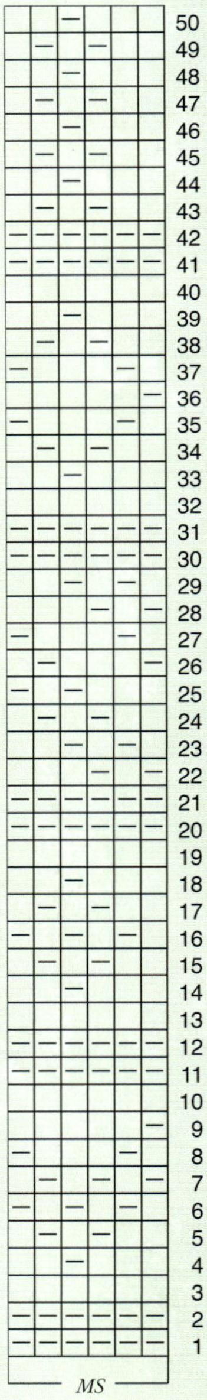

Strickschrift zu Modell 81

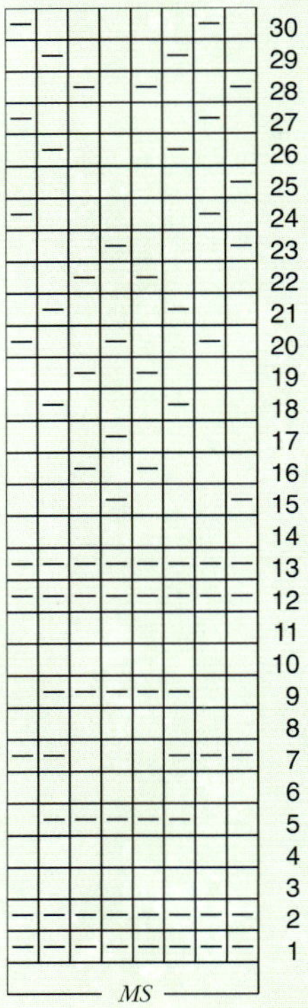

Strickschrift 1 zu Modell 80

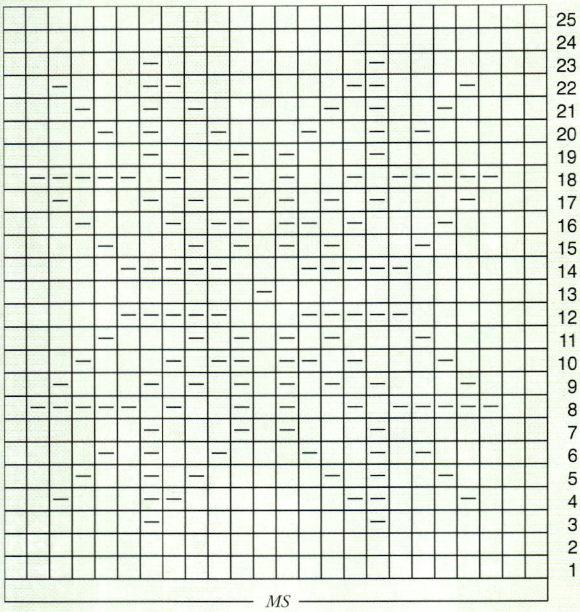

Strickschrift zu Modell 79

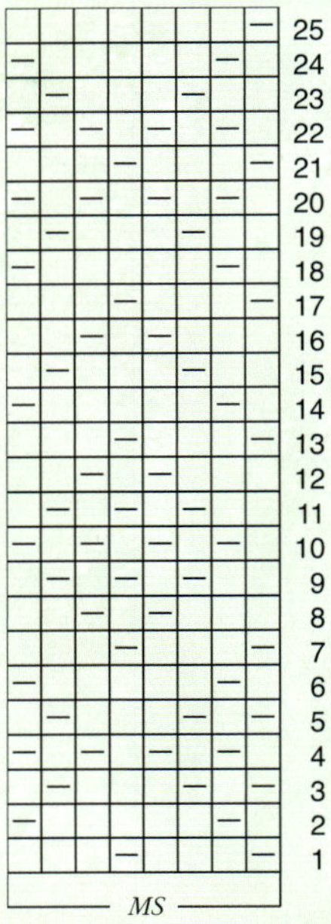

Auf grünen Sohlen

Mustersocken in Grün/Braun
Modell 82 + 83

Größe: 37/38 (42/43)

Die abweichenden Angaben für die braunen Herrensocken stehen in Klammern.
Material: Für die Damensocken ca. 100 g Blatt Fb 2082, je ca. 50 g Tanne Fb 327, Sittich Fb 622, Gelb Fb 2041 und Gras Fb 1254; für die Herrensocken ca. 100 g Mittelbraun Fb 2693, je ca. 50 g Hellkamel Fb 17, Natur Fb 1992, Tanne und Blatt: Qual Regia 4-fädig (75 % Schurwolle, 25 % Polyamid, LL = 210 m/50 g) von SCHACHENMAYR. Prym-N-Spiel Nr 2,5.
Rippenmuster: 2 M re, 2 M li im Wechsel
Gl re: Hin-R re, Rück-R li; in Rd nur re M
Kr re: Hin- und Rück-R re M
Grundmuster: Lt Strickschrift arb. Die 1.-16. Rd stets wdh. Die Buchstaben geben die zu strickende Fb an.
Streifenfolge 1: je 2 Rd *Gelb, Blatt, Tanne, Blatt, Gras, Blatt, Sittich und Blatt, ab * wdh
Streifenfolge 2: je 2 Rd *Hellkamel, Mittelbraun, Tanne, Mittelbraun, Blatt, Mittelbraun, Natur und Mittelbraun, ab * wdh
Maschenprobe, gl re: 30 M + 42 R = 10 x 10 cm
Ausführung: Anschlag je 60 M in Blatt = 15 M pro N (64 M in Mittelbraun = 16 M pro N) und 5 (6) cm Rippenmuster str. Anschließend im Grundmuster weiterarb, dabei in der 1. Rd pro N 1 (2) M zunehmen = 64 (72) M. Nach 80 (96) Rd ab Bund pro N wieder 1 (2) M abnehmen = 60 (64) M und mit der Ferse in Blatt (Mittelbraun) beginnen. Die Socken nach den allgemeinen Strumpfregeln auf Seite 10-12 weiterstr, dabei die äußeren je 3 M der Fersenwand kr re str. Nach der Ferse gl re lt Streifenfolge 1 (2) weiterarb. Nach 20 (22,5) cm ab Fersenmitte mit der Bandspitze in Blatt (Mittelbraun) beginnen, dabei die Abnahmen noch 1 x in der 4. Rd, 2 x in jeder 3. Rd, 3 x in jeder 2. Rd, dann in jeder Rd wdh.

Grüne Socken mit Karostreifen
Modell 84 + 85

Größe: 38/39 (42/43)

Die abweichenden Angaben für die Herrensocken stehen in Klammern.
Material: Für die Damensocken ca. 100 g Tanne Fb 327, je ca. 50 g Gras Fb 1254, Sittich Fb 622, Blatt Fb 2082 und Gelb Fb 2041; für die Herrensocken ca. 100 g Tanne Fb 327, je ca. 50 g Hellkamel Fb 17, Natur Fb 1992, Blatt und Mittelbraun Fb 2693: Qual Regia 4-fädig (75 % Schurwolle, 25 % Polyamid, LL = 210 m/50 g) von SCHACHENMAYR. Prym-N-Spiel Nr 2,5
Gl re: Hin-R re, Rück-R li; in Rd nur re M
Kr re: Hin- und Rück-R re M
Grundmuster: Lt Strickschrift arb. Die 1.-10. Rd stets wdh. Mit jeder Wdh die Muster-Fb lt Farbfolge wechseln.
Farbfolge 1: Gras, Blatt, 2 x Gras, Gelb, Sittich, Gras und Blatt
Farbfolge 2: *Blatt, Natur, 2 x Blatt, Mittelbraun und Hellkamel, ab * wdh
Streifenfolge 1: Je 2 Rd *Gras, Tanne, Gras, Tanne, Gelb, Tanne, Sittich**, Tanne, Gras, Tanne, Blatt und Tanne, von * bis ** 1 x wdh, dann in Tanne weiterarb.
Streifenfolge 2: 4 Rd je 2 M Tanne und Mittelbraun im Wechsel, 2 Rd Tanne, 4 Rd je 2 M Tanne und Hellkamel im Wechsel, 2 Rd Tanne, 4 Rd je 2 M Tanne und Blatt im Wechsel, 2 Rd Tanne, 4 Rd je 2 M Tanne und Natur im Wechsel, 2 Rd Tanne, 4 Rd je 2 M Tanne und Blatt im Wechsel, 2 Rd Tanne, 4 Rd je 2 M Tanne und Blatt im Wechsel, dann in Tanne weiterarb. Dabei in Norwegertechnik mit mehreren Knäueln arb und den unbenutzten Faden stets locker auf der Arbeitsrückseite mitführen.
Maschenprobe, gl re: 30 M + 42 R = 10 x 10 cm
Ausführung: Anschlag in Tanne je 60 M = 15 M pro N (je 64 M = 16 M pro N) und für den Rollrand 4 cm gl re str, dabei in der letzten Rd verteilt 8 M zunehmen = 68 (72) M. Anschließend im Grundmuster lt Farbfolge 1 (2) weiterarb. Nach 78 (98) Rd ab Rollrand gl re in Tanne weiterarb, dabei in der 1. Rd verteilt wieder 8 M abnehmen = 60 (64) M. Bereits nach 2 Rd gl re mit der Ferse beginnen und die Socken nach den allgemeinen Strumpfregeln auf Seite 10-12 weiterstr, dabei die äußeren je 3 M der Fersenwand kr re str. Nach der Ferse gl re zunächst 16 (18) Rd in Tanne arb, dann lt Streifenfolge 1 (2) weiterarb. Nach 20,5 (22,5) cm ab Fersenmitte mit der Bandspitze beginnen, dabei die Abnahmen noch 1 x in der 4. Rd, 2 x in jeder 3. Rd, 3 x in jeder 2. Rd, dann in jeder Rd wdh.

Strickschrift zu Modell 82 + 83

E	–	/		/		/		/	16
E		/		/		/		/	15
A			/		/		/		14
A			/		/		/		13
D	–	–	–	/		/		/	12
D				/		/		/	11
A					/		/		10
A					/		/		9
C	–	–	–	–	–	/		/	8
C						/		/	7
A							/		6
A							/		5
B	–	–	–	–	–	–	–	/	4
B								/	3
A									2
A									1

MS

Zeichenerklärung
☐ = 1 M re ⊟ = 1 M li
⧄ = 1 M li abheben, Fd hinter der M
A = Gras (Mittelbraun)
B = Gelb (Hellkamel)
C = Tanne
D = Gras (Blatt)
E = Sittich (Natur)

Zeichenerklärung zu Modell 84 + 85
☐ = 1 M re ⊟ = 1 M li
⧅ = 1 M li abheben, Fd hinter der M
A = Muster-Fb lt Farbfolge
B = Tanne

Strickschrift zu Modell 84 + 85

B					10
B					9
B			\	\	8
B			\	\	7
A	\	\	–	–	6
A	\	\			5
B			\	\	4
B			\	\	3
A	\	\	–	–	2
A	\	\			1

Ringelreihen in Grün

Grüne Ringelsocken
Modell 86

Größe: 40/41

Material: ca. je 50 g Jäger meliert Fb 535, Tanne Fb 327, Sittich Fb 622, Loden Fb 1994 und Grau-Grün Fb 536: Qual Regia 4-fädig (75 % Schurwolle, 25 % Polyamid, LL = 210 m/50 g) von SCHACHENMAYR. Prym-N-Spiel Nr 3.
Rippenmuster: 2 M re, 2 M li im Wechsel
Streifenfolge: je 2 Rd *Loden, Grau-Grün, Tanne und Sittich, ab * wdh
Gl re: Hin-R re, Rück-R li; in Rd nur re M
Maschenprobe, gl re: 30 M + 42 R = 10 x 10 cm
Ausführung: Anschlag je 64 M in Loden (= 16 M pro N) und im Rippenmuster lt Streifenfolge str. Nach 8 cm ab Anschlag die Arb für den Umschlag umstülpen und im Rippenmuster die Streifenfolge fortsetzen. Nach 24 cm ab Anschlag mit der Ferse gl re lt Streifenfolge beginnen und die Socken nach den allgemeinen Strumpfregeln auf Seite 10-12 weiterstr. Nach der Ferse gl re in Jäger meliert str. Nach 21 cm ab Fersenmitte mit der Bandspitze gl re lt Streifenfolge beginnen, die Abnahmen noch 1 x in der 4. Rd, 2 x in jeder 3. Rd, 3 x in jeder 2. Rd, dann in jeder Rd wdh.
Fertigstellung: Umschlag nach außen schlagen.

Grüne Umschlagsocken
Modell 87

Größe: 36/37

Material: ca. je 50 g Loden Fb 1994, Sittich Fb 622, Grau-Grün Fb 536, Jaffa Fb 1259 und flanell meliert Fb 33: Qual Regia 4-fädig (75 % Schurwolle, 25 % Polyamid, LL = 210 m/50 g) von SCHACHENMAYR. Prym-N-Spiel Nr 3.
Rippenmuster: 2 M re, 2 M li im Wechsel
Gl re: Hin-R re, Rück-R li; in Rd nur re M
Kr re: in Rd 1 Rd re, 1 Rd li im Wechsel
Wabenmuster:
1.-4. Rd: Loden – kr re. **5. + 6. Rd:** 1. Muster-Fb – *5 M re, 1 M li abheben, Fd liegt hinter der M, ab * wdh. **7.-10. Rd:** Loden – kr re. **11. + 12. Rd:** 2. Muster-Fb – *2 M re, 1 M li abheben, Fd liegt hinter der M, 3 M re, ab * wdh
Die 1.-12. Rd stets wdh, dabei die Muster-Fb wie folgt einsetzen: Jaffa, flanell meliert, Sittich und Grau-Grün.
Hebemaschenmuster: 1.-3. Rd: Loden – re M. **4. + 5. Rd:** 1. Muster-Fb – *5 M re, 1 M li abheben, Fd liegt hinter der M, ab * wdh. **6.-8. Rd:** Loden – re M. **9. + 10. Rd:** 2. Muster-Fb – *2 M re, 1 M li abheben, Fd liegt hinter der M, 3 M re, ab * wdh.
Die 1.-10. Rd stets wdh.
Musterfolge, Gl re: 3 Rd Loden, 1 Rd flanell meliert, 3 Rd Loden, 1 Rd Jaffa, 2 Rd Loden, 18 Rd Hebemaschenmuster (Muster-Fb = Grau-Grün, Sittich, flanell meliert), je 1 Rd Jaffa, Loden, Grau-Grün, Loden, Sittich, 7 Rd Loden, 10 Rd Hebemaschenmuster (Muster-Fb = flanell meliert, Jaffa), 5 Rd Loden, 1 Rd Grau-Grün, 5 Rd Hebemaschenmuster mit Sittich, je 1 Rd Loden, flanell meliert, 3 Rd Loden, 1 Rd Jaffa, 3 Rd Loden, 1 Rd Grau-Grün, 3 Rd Loden, 1 Rd Sittich, 11 Rd Loden, weiter in Grau-Grün
Maschenprobe, gl re: 30 M + 42 R = 10 x 10 cm
Ausführung: Anschlag je 60 M in Loden (= 15 M pro N) und 27 Rd Wabenmuster str, dabei mit der 2. Rd beginnen. Danach 4,5 cm Rippenmuster in Loden str, dann die Arb für den Umschlag umstülpen. Nun 28 Rd Wabenmuster, dabei die Muster-Fb in umgekehrter Reihenfolge arb und noch 1 Rd re M in Sittich. Danach mit der Ferse in Loden beginnen und die Socken nach den allgemeinen Strumpfregeln auf Seite 10-12 weiterstr. Nach der Ferse lt Musterfolge weiterarb. Nach 18,5 cm ab Fersenmitte mit der Bandspitze beginnen, die Abnahmen noch 1 x in der 4. Rd, 2 x in jeder 3. Rd, 3 x in jeder 2. Rd, dann in jeder Rd wdh.
Fertigstellung: Das obere Wabenmuster für den Umschlag nach außen schlagen.

Streifensocken in Grüntönen
Modell 88

Größe: 38/39

Material: ca. 50 g Grün meliert Fb 1035 Qual Regia 4-fach mouline (75 % Schurwolle, 25 % Polyamid, LL = 210 m/50 g), ca. je 50 g flanell meliert Fb 33, Sittich Fb 622 und Loden Fb 1994: Qual Regia 4-fädig (75 % Schurwolle, 25 % Polyamid, LL = 210 m/50 g), beide Qual von SCHACHENMAYR. Prym-N-Spiel Nr 3.
Gl re: Hin-R re, Rück-R li; in Rd nur re M
Kr re: in Rd 1 Rd re, 1 Rd li im Wechsel
Rippenmuster: 2 M re, 2 M li im Wechsel
Mäusezähnchen: 2 M re zusstr und 1 U im Wechsel
Musterfolge: je 2 Rd kr re in Sittich, Loden, flanell meliert und Grün meliert; in Sittich je 2 Rd gl re, Rippenmuster und gl re; je 2 Rd kr re in Loden, flanell meliert, Grün meliert und Sittich; in flanell meliert je 2 Rd gl re, Rippenmuster und gl re; je 2 Rd kr re in Loden, flanell meliert, Grün meliert, Sittich und Loden; 14 Rd gl re in Loden; je 2 Rd kr re in flanell meliert, Grün meliert, Sittich und Loden; 16 Rd gl re in flanell meliert; je 2 Rd kr re in Grün meliert, Sittich, Loden und flanell meliert; 16 Rd gl re in Sittich, weiter gl re in Grün meliert
Maschenprobe, gl re: 30 M + 42 R = 10 x 10 cm
Ausführung: Anschlag je 60 M in Grün meliert (= 15 M pro N) und für den Bund 5 Rd gl re, 1 Rd Mäusezähnchen und 5 Rd gl re str. Dann lt Musterfolge weiterarb. Nach 36 Rd ab Bund mit der Ferse in Grün meliert beginnen und die Socken nach den allgemeinen Strumpfregeln auf Seite 10-12 weiterstr. Nach der Ferse die Musterfolge fortsetzen. Nach 20 cm ab Fersenmitte mit der Bandspitze beginnen, die Abnahmen noch 1 x in der 4. Rd, 2 x in jeder 3. Rd, 3 x in jeder 2. Rd, dann in jeder Rd wdh.
Fertigstellung: Den Bund zur Hälfte nach innen säumen.

Ringelsocken mit Hebemaschen
Modell 89

Größe: 37/38

Material: ca. je 50 g Loden Fb 1944, Grau-Grün Fb 536 und Jaffa Fb 1259: Qual Regia 4-fädig (75 % Schurwolle, 25 % Polyamid, LL = 210 m/50 g), ca. 50 g Schlamm color Fb 5574: Qual Regia 4-fädig Color (75 % Schurwolle, 25 % Polyamid, LL = 210 m/50 g), beide Qual von SCHACHENMAYR. Prym-N-Spiel Nr 2,5 und 3.
Rippenmuster mit N Nr 2,5: 1 M re, 1 M li im Wechsel
Streifenfolge: 5 Rd Loden, 1 Rd Jaffa, 4 Rd Schlamm color, 1 Rd Jaffa und 3 Rd Grau-Grün
Die folg Muster mit N Nr 3 str!
Gl re: in Rd nur re M
Kl Perlmuster: 1 M re, 1 M li im Wechsel, in jeder R/Rd versetzen
Hebemaschenmuster:
1. Rd: re M. **2. + 3. Rd:** *3 M re, 1 M li abheben, Fd liegt hinter der M, ab * wdh
Die 1.-3. Rd stets wdh.
Farbfolge: 3 Rd Loden, *1 Rd Jaffa, 5 Rd Schlamm color, 2 Rd Grau-Grün, 4 Rd Loden, ab * 1 x wdh, ** 1 Rd Jaffa, 5 Rd Schlamm color, 3 Rd Grau-Grün, 6 Rd Loden, ab ** stets wdh
Maschenprobe, gl re: 30 M + 42 R = 10 x 10 cm
Ausführung: Anschlag je 60 M in Loden (= 15 M pro N) und im Rippenmuster lt Streifenfolge str. Dann im Hebemaschenmuster lt Farbfolge weiterarb. Nach 8 cm ab Bund mit der Ferse in Loden im kl Perlmuster beginnen und die Socken nach den allgemeinen Strumpfregeln auf Seite 10-12 weiterstr. Nach der Ferse das Hebemaschenmuster lt Farbfolge fortsetzen. Nach 19 cm ab Fersenmitte mit der Bandspitze in Tann im kl Perlmuster beginnen, dabei die M für die Abnahmen mustergemäß zusstr. Die Abnahmen noch 1 x in der 4. Rd, 2 x in jeder 3. Rd, 3 x in jeder 2. Rd, dann in jeder Rd wdh.

Alle Zeichen auf Grün

Socken mit Bordüre

Modell 90

Größe: 35/36

Material: ca. je 50 g Blatt Fb 2082, Tanne Fb 327 und Weiß Fb 600: Qual Regia 4-fädig (75 % Schurwolle, 25 % Polyamid, LL = 210 m/50 g) von SCHACHENMAYR. Prym-N-Spiel Nr 2,5 und 3.

Rippenmuster mit N Nr 2,5: 1 M re, 1 M li im Wechsel

Die folg Muster mit N Nr 3 str!

Gl re: Hin-R re, Rück-R li; in Rd nur re M

Kr re: Hin- und Rück-R re M

Bordüre: Gl re lt Zählmuster zu Modell 90 in Norwegertechnik mit mehreren Knäueln arb, dabei den unbenutzten Faden stets locker auf der Arbeitsrückseite mitführen. In der Breite bei Pfeil A beginnen, 2 x den MS und bei Pfeil B enden.

Maschenprobe, gl re: 30 M + 40 R = 10 x 10 cm

Ausführung: Anschlag je 58 M in Blatt (= 1. + 3. N je 15 M, 2. + 4. N je 14 M) und 6 cm Rippenmuster str, dann 1 M zunehmen = 59 M und gl re wie folgt weiterarb: 2 Rd Blatt, 29 Rd Bordüre und 2 Rd Blatt. Nun wieder 1 M abnehmen und mit der Ferse in Blatt beginnen. Die Socken nach den allgemeinen Strumpfregeln auf Seite 10-12 weiterstr, dabei die äußeren je 3 M der Fersenwand kr re str und die Zwickelabnahmen in jeder 3. Rd ausführen. Nach der Ferse zunächst 2 Rd in Blatt str, dann weiter in Tanne. Nach 18 cm ab Fersenmitte mit der Bandspitze in Blatt beginnen, dabei die Abnahmen noch 1 x in der 4. Rd, 2 x in jeder 3. Rd, 3 x in jeder 2. Rd, dann in jeder Rd wdh.

Socken mit Elefanten

Modell 91

Größe: 37/38

Material: ca. je 50 g Blatt Fb 2082, Gras Fb 1254 und Weiß Fb 600: Qual Regia 4-fädig (75 % Schur-wolle, 25 % Polyamid, LL = 210 m/ 50 g) von SCHACHENMAYR. Prym-N-Spiel Nr 2,5 und 3.

Rippenmuster mit N Nr 2,5: 1 M re, 1 M li im Wechsel

Die folg Muster mit N Nr 3 str!

Gl re: Hin-R re, Rück-R li; in Rd nur re M

Kr re: Hin- und Rück-R re M

Bordüre: Gl re lt Zählmuster C in Norwegertechnik mit mehreren Knäueln arb, dabei den unbenutzten Faden stets locker auf der Arbeitsrückseite mitführen.

Jacquardmuster: Gl re lt Zählmuster D in Norwegertechnik arb. Dabei für die Sohle MS 1 stets wdh, für das Fußblatt MS 2 stets wdh. In der Höhe die 1.-16. Rd stets wdh.

Maschenprobe, gl re: 30 M + 42 R = 10 x 10 cm

Ausführung: Anschlag je 60 M in Blatt (= 15 M pro N) und im Rippenmuster 4 cm in Blatt und 1 cm in Gras str, dabei in der letzten Rd verteilt 4 M zunehmen = 64 M (16 M pro N). Dann gl re die Bordüre arb. Nach Zählmusterende mit der Ferse in Blatt beginnen und die Socken nach den allgemeinen Strumpfregeln auf Seite 10-12 weiterstr. Dabei die äußeren je 3 M der Fersenwand kr re str und die Zwickelabnahmen in jeder 3. Rd ausführen, bis wieder 60 M vorhanden sind. Nach der Ferse im Jacquardmuster weiterarb. Nach 19 cm ab Fersenmitte mit der Bandspitze in Blatt beginnen, dabei die Abnahmen noch 1 x in der 4. Rd, 2 x in jeder 3. Rd, 3 x in jeder 2. Rd, dann in jeder Rd wdh.

Grüne Jacquard-Socken

Modell 92

Größe: 37/38

Material: ca. je 50 g Tanne Fb 327, Blatt Fb 2082 und Gras Fb 1254: Qual Regia 4-fädig (75 % Schurwolle, 25 % Polyamid, LL = 210 m/50 g) von SCHACHENMAYR. Prym-N-Spiel Nr 2,5 und 3.

Zählmuster zu Modell 90

Zählmuster D zu Modell 91

Zeichenerklärung:

1 Kästchen = 1 M + 1 Rd

= Tanne

= Weiß

= Blatt

Zählmuster C zu Modell 91

Zählmuster E zu Modell 92

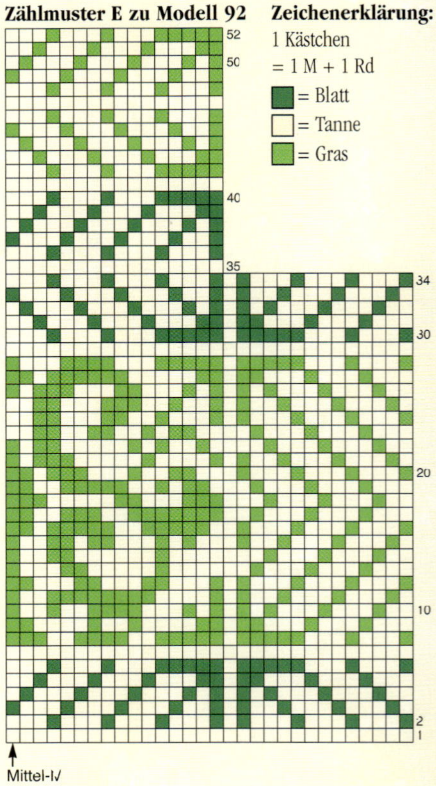

Zeichenerklärung:

1 Kästchen = 1 M + 1 Rd

= Blatt

= Tanne

= Gras

Zählmuster A zu Modell 93

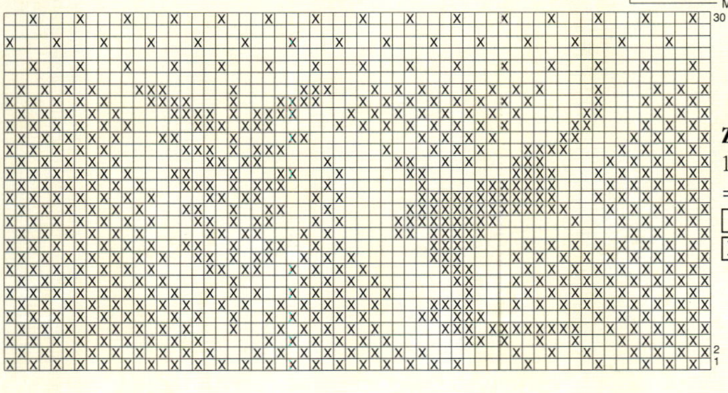

Zeichenerklärung:

1 Kästchen = 1 M + 1 Rd

= 1 M Grün

X = 1 M Weiß

Rippenmuster mit N Nr 2,5: 1 M re, 1 M li im Wechsel
Die folg Muster mit N Nr 3 str!
Gl re: Hin-R re, Rück-R li; in Rd nur re M
Kr re: Hin- und Rück-R re
Jacquardmuster: Gl re lt Zählmuster E in Norwegertechnik mit mehreren Knäueln arb, dabei den unbenutzten Faden stets locker auf der Arbeitsrückseite mitführen.
Maschenprobe, gl re: 30 M + 42 R = 10 x 10 cm
Ausführung: Anschlag je 60 M in Tanne (= 15 M pro N) und im Rippenmuster 2 cm in Tanne und 3 cm in Blatt str, dabei in der letzten Rd auf der 3. N 1 M abnehmen = 59 M. Dann gl re die 1.-34. Rd Jacquardmuster arb, dabei bis zur Mittel-M und gegengl ohne Mittel-M weiterstr. Nun mit der Ferse in Tanne beginnen und die Socken nach den allgemeinen Strumpfregeln auf Seite 10-12 weiterstr. Dabei die äußeren je 3 M der Fersenwand kr re str und die Zwickelabnahmen in jeder 3. Rd ausführen. Nach der Ferse das Jacquardmuster auf der 2. + 3. N mit der 35.-52. Rd fortsetzen, dann die 29.-52. Rd wdh; auf der 1. + 4. N je 1 M Tanne und Muster-Fb (Blatt oder Gras) im Wechsel str, das Muster in jeder Rd versetzen. Nach 19 cm ab Fersenmitte mit der Bandspitze in Blatt beginnen, dabei die Abnahmen noch 1 x in der 4. Rd, 2 x in jeder 3. Rd, 3 x in jeder 2. Rd, dann in jeder Rd wdh.

Jacquardsocken in Grün-Weiß

Modell 93

Größe: 39/40

Material: ca. 100 g Tanne Fb 327 und ca. 50 g Weiß Fb 600: Qual Regia 4-fädig (75 % Schur-wolle, 25 % Polyamid, LL = 210 m/ 50 g) von SCHACHENMAYR. Prym-N-Spiel Nr 2,5 und 3.
Rippenmuster mit N Nr 2,5: 2 M re, 1 M li im Wechsel
Die folg Muster mit N Nr 3 str!
Gl re: Hin-R re, Rück-R li; in Rd nur re M
Kr re: Hin- und Rück-R re
Jacquardmuster: Gl re lt Zählmuster A in Norwegertechnik mit mehreren Knäueln arb, dabei den unbenutzten Faden stets locker auf der Arbeitsrückseite mitführen.
Muster 1: 1 M Tanne und 1 M Weiß im Wechsel in Norwegertechnik, dabei das Muster in jeder Rd versetzen.
Muster 2: **1. + 3. Rd:** Tanne
2. Rd: 1 M Weiß und 1 M Tanne im Wechsel
4. Rd: 1 M Tanne und 1 M Weiß im Wechsel
Die 1.-4. Rd stets wdh.
Maschenprobe, gl re: 30 M + 40 R = 10 x 10 cm
Ausführung: Anschlag je 60 M in Tanne (= 15 M pro N) und 5,5 cm Rippenmuster str, dann gl re im Muster 1 arb. In der 7. Rd jede 2. M mit der darunter liegenden M der 1. Muster-Rd re zusstr. Nun 4 Rd in Tanne str, dann im Jacquardmuster weiterarb. Nach Zählmusterende mit der Ferse in Tanne beginnen und die Socken nach den allgemeinen Strumpfregeln auf Seite 10-12 weiterstr. Dabei die äußeren je 3 M der Fersenwand kr re arb. Nach der Ferse gl re weiterstr, dabei die M der 1. + 4. N im Muster 2 arb und über die M der 2. + 3. N die letzten 4 Rd des Jacquardmusters stets wdh. Nach 20,5 cm ab Fersenmitte mit der Bandspitze in Tanne beginnen, dabei die Abnahmen noch 1 x in der 4. Rd, 2 x in jeder 3. Rd, 3 x in jeder 2. Rd, dann in jeder Rd wdh.

Tierisch gut

Kuhmuster-Socken

Modell 94

Größe: 40/41

Material: je 50 g Schwarz Fb 0004 und Weiß Fb 0001: Qual Jawoll (75 % Schurwolle, 18 % Polyamid, 7 % Acryl, LL = 190 m/45 g + 5 g Beigarn) von LANG. N-Spiel Nr 2,5 und 3.

Rippenmuster mit N Nr 2,5: 1 M re, 1 M li im Wechsel

Die folg Muster mit N Nr 3 str!

Gl re: Hin-R re, Rück-R li; in Rd nur re M

Grundmuster: Gl re lt Zählmuster B in Norwegertechnik mit mehreren Knäueln arb, dabei den unbenutzten Faden stets locker auf der Arbeitsrückseite mitführen.

Maschenprobe, gl re: 30 M + 41 R = 10 x 10 cm

Ausführung: Anschlag je 60 M in Schwarz (= 15 M pro N) und 5 cm Rippenmuster str. Nun im Grundmuster weiterarb. Nach 10 cm ab Bund mit der Ferse in Schwarz beginnen und die Socken nach den allgemeinen Strumpfregeln auf Seite 10-12 weiterstr. Nach der Ferse aus den seitl Kanten der Fersenwand je 14 M + 1 Rdm auffassen = 40 M und die Sohle in Weiß in R gl re weiterstr. Für den Zwickel 4 x in jeder 2. R abnehmen = 32 M. Nach 21 cm ab Fersenmitte diese M stilllegen. Für das Fußblatt die 30 M der 2. + 3. N in Arb nehmen, beids 1 Rdm dazu anschlagen = 32 M und im Grundmuster in R weiterstr. Nach 21 cm ab Fersenmitte wieder in Rd in Schwarz str und mit der Bandspitze beginnen, dabei die Rdm jeweils mit der M davor bzw. der folg M re zusstr.

Fertigstellung: Fußsohle und Fußblatt zusam-mennähen.

Tiger-Socken

Modell 95

Größe: 37/38

Material: je 50 g Hellgrau Fb 0005, Anthrazit Fb 0070 und Karamell Fb 0139: Qual Jawoll (75 % Schurwolle, 18 % Polyamid, 7 % Acryl, LL = 190 m/45 g + 5 g Beigarn) von LANG. N-Spiel Nr 2,5 und 3.

Rippenmuster mit N Nr 2,5: 1 M re, 1 M li im Wechsel

Die folg Muster mit N Nr 3 str!

Gl re: Hin-R re, Rück-R li; in Rd nur re M

Grundmuster: Gl re lt Zählmuster A in Norwegertechnik mit mehreren Knäueln arb, dabei den unbenutzten Faden stets locker auf der Arbeitsrückseite mitführen bzw. nachträglich im M-Stich aufsticken.

Maschenprobe, gl re: 30 M + 41 R = 10 x 10 cm

Ausführung: Anschlag je 60 M in Anthrazit (= 15 M pro N) und 6 cm Rippenmuster str. Nun im Grundmuster weiterarb. Nach 9 cm ab Bund mit der Ferse in Karamell beginnen und die Socken nach den allgemeinen Stru-mpfregeln auf Seite 10-12 weiterstr. Nach der Ferse das Grundmuster fortsetzen. Nach 19 cm ab Fersenmitte mit der Bandspitze in Anthrazit beginnen.

Leoparden-Socken

Modell 96

Größe: 38/39

Material: je 50 g Gelb Fb 0043 und Anthrazit Fb 0070: Qual Jawoll (75 % Schurwolle, 18 % Polyamid, 7 % Acryl, LL = 190 m/45 g + 5 g Beigarn) von LANG. N-Spiel Nr 2,5 und 3.

Rippenmuster mit N Nr 2,5: 1 M re, 1 M li im Wechsel

Die folg Muster mit N Nr 3 str!

Gl re: Hin-R re, Rück-R li; in Rd nur re M

Grundmuster: Gl re lt Zählmuster C in Norwegertechnik mit mehreren Knäueln arb, dabei den unbenutzten Faden stets locker auf der Arbeitsrückseite mitführen.

Maschenprobe, gl re: 30 M + 41 R = 10 x 10 cm

Ausführung: Anschlag je 60 M in Anthrazit (= 15 M pro N) und im Rippenmuster 1 Rd Anthrazit, 11 Rd Gelb, 2 Rd Anthrazit, 11 Rd Gelb und 2 Rd Anthrazit str. Nun im Grundmuster weiterarb. Nach 8 cm ab Bund mit der Ferse in Anthrazit beginnen und die Socken nach den allgemeinen Strumpfregeln auf Seite 10-12 weiterstr. Nach der Ferse aus den seitl Kanten der Fersenwand je 14 M + 1 Rdm auffassen = 40 M und die Sohle in Gelb in R gl re weiterstr. Für den Zwickel 4 x in jeder 2. R abnehmen = 32 M. Nach 20 cm ab Fersenmitte diese M stilllegen. Für das Fußblatt die 30 M der 2. + 3. N in Arb nehmen, beids 1 Rdm dazu anschlagen = 32 M und im Grundmuster in R weiterstr. Nach 20 cm ab Fersenmitte wieder in Rd in Gelb str und mit der Bandspitze beginnen, dabei die Rdm jeweils mit der M davor bzw. der folg M re zusstr.

Fertigstellung: Fußsohle und Fußblatt zusammennähen.

Zählmuster B zu Modell 94

Die 1.-12. Rd stets wdh.

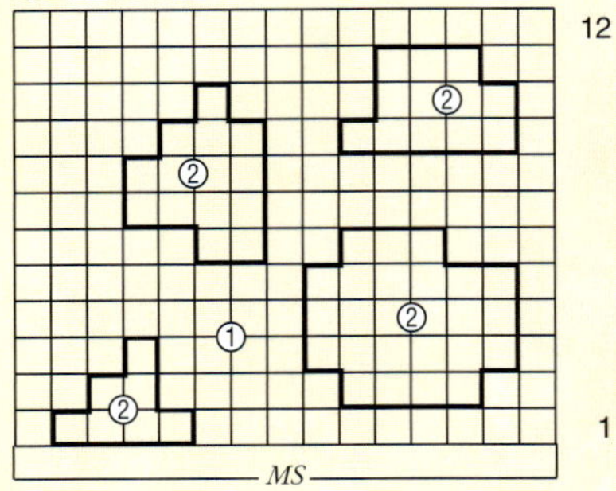

Zeichenerklärung:

1 Kästchen = 1 M + 1 Rd

1 = Weiß

2 = Schwarz

Zählmuster A zu Modell 95

Die 1.-12. Rd stets wdh.

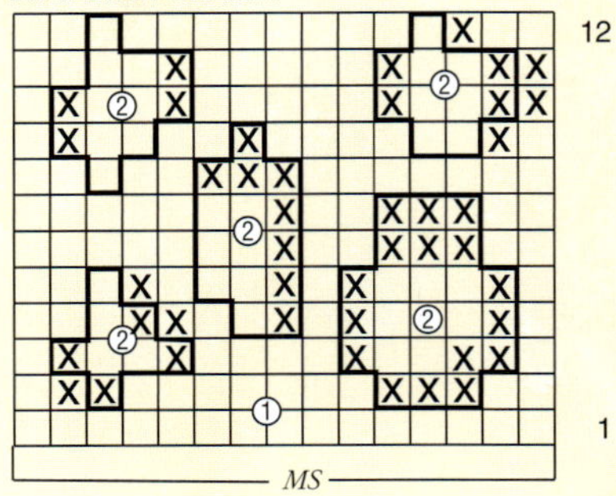

Zeichenerklärung:

1 Kästchen = 1 M + 1 Rd

1 = Hellgrau

2 = Karamell

X = 1 M-Stich in Anthrazit

Zählmuster C zu Modell 96

Die 1.-12. Rd stets wdh.

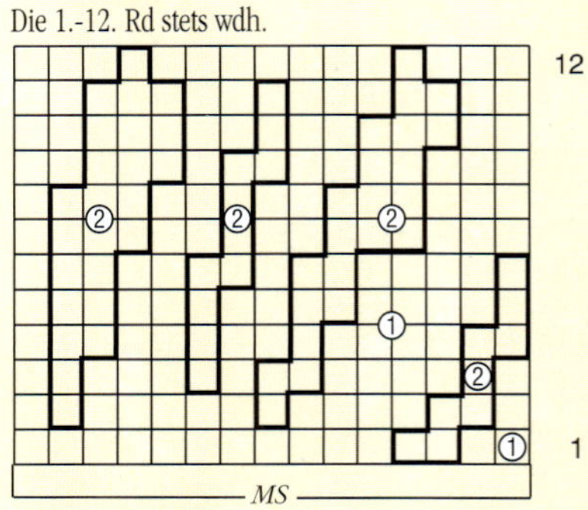

Zeichenerklärung:

1 Kästchen = 1 M + 1 Rd

1 = Gelb

2 = Anthrazit

Dschungel-Söckchen

Söckchen mit Affe

Modell 97

Größe: 30/31

Material: 50 g Hellblau Fb 1945, je ein Rest Superweiß Fb 2080, Kamel Fb 17, Sittich Fb 622, Blatt Fb 2082 und Dunkelbraun Fb 2903: Qual Regia 4-fädig (75 % Schurwolle, 25 % Poly-amid, LL = 210 m/50 g) von SCHACHENMAYR. N-Spiel Nr 3.
Gl re: Hin-R re, Rück-R li; in Rd nur re M
Motiv: Nachträglich gemäß Zählmuster im M-Stich aufsticken. Das Gesicht mit Stielstichen in Dunkelbraun, den Arm mit Stielstichen in Kamel arb.
Maschenprobe: 30 M + 42 R = 10 x 10 cm
Ausführung: Anschlag je 52 M in Weiß (= 13 M pro N) und für den Rollrand 8 Rd gl re str, dann gl re in Hellblau weiterarb. Nach 44 Rd ab Rollrand mit der Ferse beginnen und die Socken nach den allgemeinen Strumpfregeln auf Seite 10-12 weiterstr, dabei die Zwickelabnahmen in jeder 3. Rd ausführen. Nach 15,5 cm ab Fersenmitte mit der Bandspitze in Weiß beginnen. Die Abnahmen noch 2 x in jeder 3. Rd, 3 x in jeder 2. Rd, dann in jeder Rd wdh.
Fertigstellung: Das Motiv außen, ab der hinteren Mitte, auf den Schaft sticken, dabei direkt unter dem Rollrand beginnen, die li Socke gegengl besticken.

Zählmuster zu Modell 98

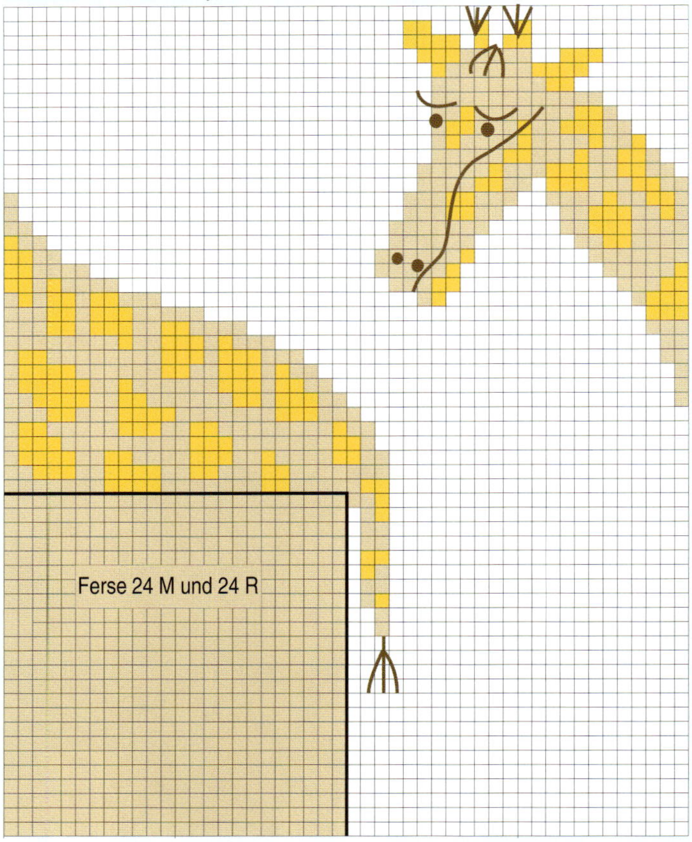

Zeichenerklärung:
1 Kästchen = 1 M + 1 Rd
= Weiß
= Gelb
= Kamel

Zeichenerklärung zu Modell 99:
1 Kästchen = 1 M + 1 Rd
= Sittich
= Gelb
= Weiß
= Marone

Zählmuster zu Modell 97

Zeichenerklärung zu Modell 97:
1 Kästchen = 1 M + 1 Rd
= Hellblau
= Sittich
= Grün
= Kamel
= Marone

Zählmuster zu Modell 99

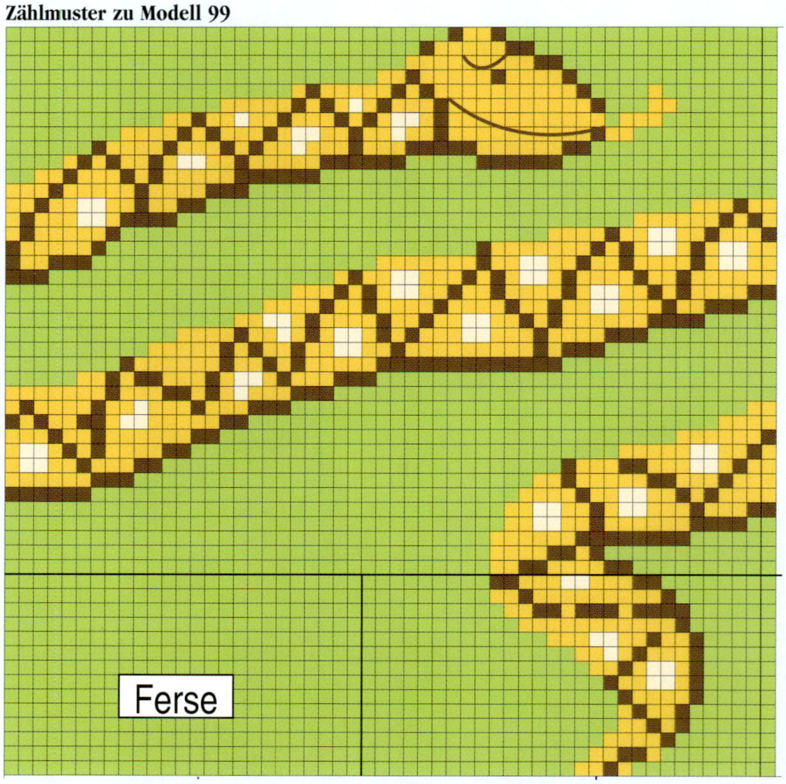

Söckchen mit Giraffe
Modell 98

Größe: 26/27

Material: 50 g Superweiß Fb 2080, je ein Rest Gelb Fb 2041, Kamel Fb 17 und Dunkelbraun Fb 2903: Qual Regia 4-fädig (75 % Schurwolle, 25 % Polyamid, LL = 210 m/ 50 g) von SCHACHENMAYR. N-Spiel Nr 3.
Gl re: Hin-R re, Rück-R li; in Rd nur re M
Motiv: Nachträglich gemäß Zählmuster im M-Stich aufsticken. Die Konturen in Dunkelbraun mit Stiel- und Spannstichen, Augen und Nasenlöcher mit Knötchenstichen in Dunkelbraun arb.
Maschenprobe: 30 M + 42 R = 10 x 10 cm
Ausführung: Anschlag je 48 M in Dunkelbraun (= 12 M pro N) und für den Rollrand 8 Rd gl re str, dann gl re in Weiß weiterarb. Nach 40 Rd ab Rollrand mit der Ferse in Kamel beginnen und die Socken nach den allgemeinen Strumpfregeln auf Seite 10-12 weiterstr, dabei die Zwickelabnahmen in jeder 3. Rd ausführen. Nach der Ferse in Weiß weiterstr und nach 14 cm ab Fersenmitte mit der Bandspitze in Dunkelbraun beginnen. Die Abnahmen noch 1 x in der 3. Rd, 3 x in jeder 2. Rd, dann in jeder Rd wdh.
Fertigstellung: Das Motiv auf den Schaft sticken, dabei das Muster von der Fersenmitte aus einteilen und direkt über der Ferse beginnen. Die re Socke lt Zählmuster, die li Socke gegengl besticken.

Söckchen mit Schlange
Modell 99

Größe: 31/32

Material: 50 g Sittich Fb 622, je ein Rest Gelb Fb 2041, Superweiß Fb 2080 und Dunkelbraun Fb 2903: Qual Regia 4-fädig (75 % Schurwolle, 25 % Polyamid, LL = 210 m/ 50 g) von SCHACHENMAYR. N-Spiel Nr 3.
Gl re: Hin-R re, Rück-R li; in Rd nur re M
Motiv: Nachträglich gemäß Zählmuster im M-Stich aufsticken. Die Konturen im Stielstich in Dunkelbraun arb.
Maschenprobe: 30 M + 42 R = 10 x 10 cm
Ausführung: Anschlag je 54 M in Weiß (= 1. + 3. N je 13 M, 2. + 4. N je 14 M) und für den Rollrand 8 Rd gl re str, dann gl re in Sit-tich weiterarb. Nach 40 Rd ab Rollrand mit der Ferse beginnen und die Socken nach den allgemeinen Strumpfregeln auf Seite 10-12 weiterstr, dabei die Zwickelabnahmen in jeder 3. Rd ausführen. Nach 16 cm ab Fersenmitte mit der Bandspitze in Weiß beginnen. Die Abnahmen noch 2 x in jeder 3. Rd, 3 x in jeder 2. Rd, dann in jeder Rd wdh.
Fertigstellung: Das Motiv auf den Schaft sticken, dabei das Muster von der Ferse aus einteilen und 2 Rd unter dem Rollrand beginnen.

Muster im Galopp

Herrensocken mit Reiter

Modell 100

Größe: 42/43

Material: Je ca. 50 g Leinen meliert Fb 2143, Jeans meliert Fb 2137 und Schwarz Fb 2066: Qual Regia 4-fädig (75 % Schurwolle, 25 % Polyamid, LL = 210 m/50 g) von SCHACHENMAYR. N-Spiel Nr 2,5 und 3.
Rippenmuster mit N Nr 2,5: 1 M re, 1 M li im Wechsel
Die folg Muster mit N Nr 3 str!
Gl re: Hin-R re, Rück-R li; in Rd nur re M
Kr re: Hin- und Rück-R re M
Jacquardmuster: Gl re lt Zählmuster zu Modell 103 in Norwegertechnik mit mehreren Knäueln arb, dabei den unbenutzten Faden stets locker auf der Arbeitsrückseite mitführen.
Maschenprobe, gl re: 30 M + 42 R = 10 x 10 cm
Ausführung, re Socke: Anschlag 64 M in Schwarz (= 16 M pro N) und für den Bund 2 cm Schwarz, 1 cm Leinen und 3 cm Jeans im Rippenmuster str. Dann im Jacquardmuster weiterarb, dabei 1 x von Pfeil A bis B arb, dann den MS stets wdh. Nach 36 Rd ab Bund mit der Ferse in Schwarz beginnen und die Socken nach den allgemeinen Strumpfregeln auf Seite 10-12 weiterstr. Dabei die äußeren je 3 M der Fersenwand kr re str und die Zwickelabnahmen in jeder 3. Rd ausführen.
Nach der Ferse noch die 37. Rd und 1 x die 28.-34. Rd lt Zählmuster arb, dann in Jeans weiterstr. Nach 20,5 cm ab Fersenmitte noch 1 x die 1.-6. Rd lt Zählmuster str, dann mit der Bandspitze in Jeans beginnen, dabei die Abnahmen noch 1 x in der 4. Rd, 2 x in jeder 3. Rd, 3 x in jeder 2. Rd, dann in jeder Rd wdh. Die li Socke gegengl arb.

Socken mit Hufeisen

Modell 101

Größe: 37/38

Material: Je ca. 50 g Schwarz Fb 2066, Leinen meliert Fb 2143, Jeans meliert Fb 2137 und hell-camel-meliert Fb 17: Qual Regia 4-fädig (75 % Schurwolle, 25 % Polyamid, LL = 210 m/50 g) von SCHACHENMAYR. N-Spiel Nr 2,5 und 3.
Rippenmuster mit N Nr 2,5: 1 M re, 1 M li im Wechsel
Die folg Muster mit N Nr 3 str!
Gl re: Hin-R re, Rück-R li; in Rd nur re M
Kr re: Hin- und Rück-R re M
Jacquardmuster: Gl re lt Zählmuster zu Modell 104 in Norwegertechnik mit mehreren Knäueln arb, dabei den unbenutzten Faden stets locker auf der Arbeitsrückseite mitführen.
Maschenprobe, gl re: 30 M + 42 R = 10 x 10 cm
Ausführung: Anschlag je 60 M in Schwarz (= 15 M pro N) und 4,5 cm Rippenmuster str. Zunächst 25 Rd in Schwarz str, dann im Jacquardmuster weiterarb. Nach 43 Rd ab Bund mit der Ferse in Schwarz beginnen und die Socken nach den allgemeinen Strumpfregeln auf Seite 10-12 weiterstr. Dabei die äußeren je 3 M der Fersenwand kr re str und die Zwickelabnahmen in jeder 3. Rd ausführen. Nach der Ferse das Jacquardmuster fortsetzen. Nach 19 cm ab Fersenmitte mit der Bandspitze in Schwarz beginnen, dabei die Abnahmen noch 1 x in der 4. Rd, 2 x in jeder 3. Rd, 3 x in jeder 2. Rd, dann in jeder Rd wdh.
Fertigstellung: Außen auf den schwarzen Streifen das Hufeisen sticken, 4 Rd über dem Jacquardmuster.

Kindersocken mit Pferd

Modell 102

Größe: 26/27

Material: Je ca. 50 g Jeans meliert Fb 2137, Graublau Fb 1980, je ein Rest Leinen meliert Fb 2143, Dunkelbraun Fb 2903 und hell-camel-meliert Fb 17: Qual Regia 4-fädig (75 % Schurwolle, 25 % Polyamid, LL = 210 m/50 g), 50 g Marine Tweed Fb 50: Qual Regia 4-fädig Tweed (75 % Schurwolle, 20 % Polyamid, 5 % Polyacryl, LL = 200 m/50 g), beide Qual von SCHACHENMAYR. N-Spiel Nr 2,5 und 3.
Rippenmuster mit N Nr 2,5: 1 M re, 1 M li im Wechsel
Streifenfolge A: je 2 Rd Jeans meliert und Marine im Wechsel

Zählmuster zu Modell 101
Die 1.-12. Rd stets wdh.

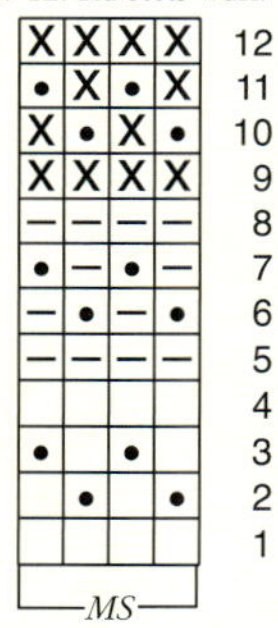

Zeichenerklärung:
1 Kästchen = 1 M + 1 Rd
☒ = 1 M bzw. M-Stich in Leinen
⊡ = 1 M Schwarz
☐ = 1 M Jeans meliert
⊟ = 1 M Sand meliert
◯ = 1 Knötchenstich in Jeans meliert
⌒ = Kettstiche in Sand meliert

Stickschrift zu Modell 101

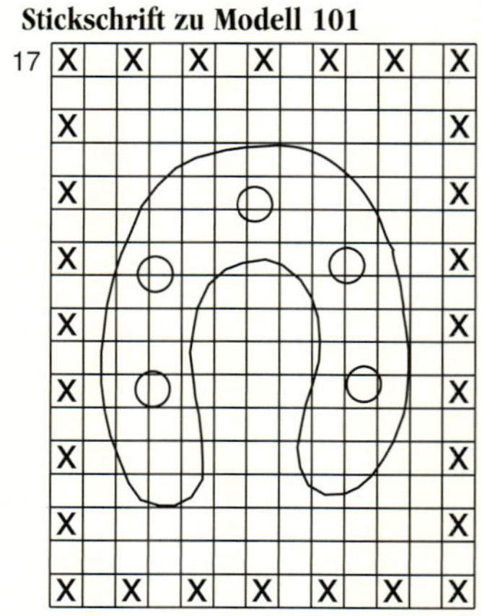

Zeichenerklärung:
1 Kästchen = 1 M + 1 Rd
☐ = 1 M Leinen meliert
☒ = 1 M Schwarz
⊟ = Spannstich Schwarz

Zählmuster zu Modell 100

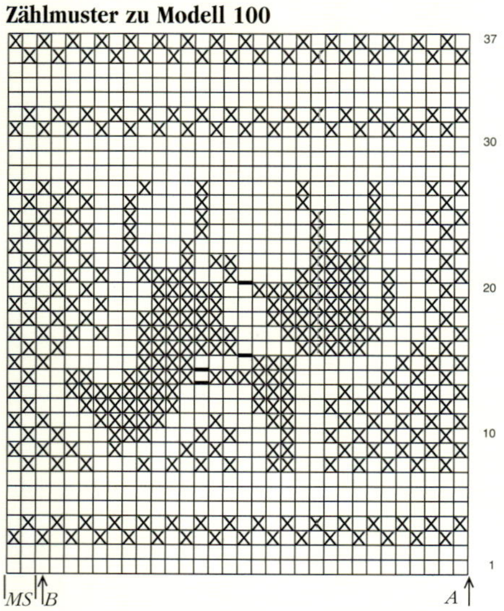

Zeichenerklärung:
1 Kästchen = 1 M + 1 Rd
① = 1 M-Stich Sand meliert
☒ = 1 M-Stich Dunkelbraun
◎ = 1 Knötchenstich Marine Tweed

Zählmuster zu Modell 102

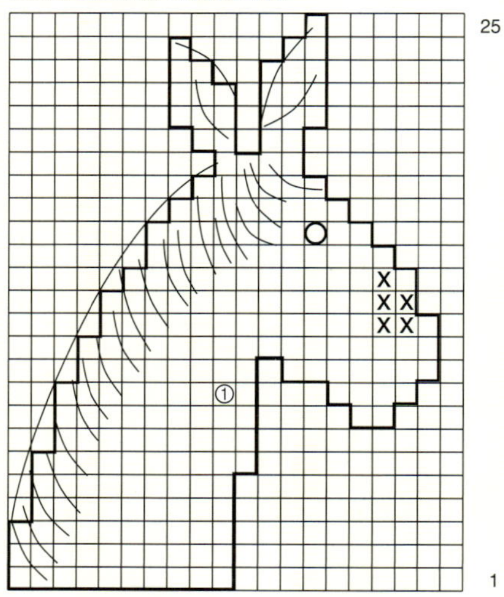

Die folg Muster mit N Nr 3 str!

Gl re: Hin-R re, Rück-R li; in Rd nur re M

Kr re: Hin- und Rück-R re M

Streifenfolge B: je 2 Rd Marine Tweed und Graublau im Wechsel

Pferd: Nachträglich gemäß Zählmuster zu Modell 105 im M-Stich aufsticken. Das Auge mit einem Knötchenstich in Marine Tweed, die Mähne mit dunkelbraunen Spannstichen, die Ohren und den Haaransatz mit dunkelbraunen Stielstichen arb.

Maschenprobe, gl re: 30 M + 42 R = 10 x 10 cm

Ausführung: Anschlag je 48 M in Jeans (= 12 M pro N) und 6 cm Rippenmuster lt Streifenfolge A str. Zunächst gl re 27 Rd in Jeans str, dann lt Streifenfolge B weiterarb. Nach 39 Rd ab Bund mit der Ferse in Jeans beginnen und die Socken nach den allgemeinen Strumpfregeln auf Seite 10-12 weiterstr. Dabei die äußeren je 3 M der Fersenwand kr re str und die Zwickelabnahmen in jeder 3. Rd ausführen. Nach der Ferse die Streifenfolge B fortsetzen. Nach 14 cm ab Fersenmitte mit der Bandspitze in Jeans beginnen, dabei die Abnahmen noch 1 x in der 3. Rd, 3 x in jeder 2. Rd, dann in jeder Rd wdh.

Fertigstellung: Den Bund zur Hälfte nach außen schlagen. Außen auf die jeansfarbene Fläche das Pferd sticken. Bei der re Socke lt Zählmuster, bei der li Socke gegengl, dabei direkt über dem Streifenmuster beginnen. Für das Halstuch je 14 M in Leinen anschlagen und kr re str, dabei an einer Seite in jeder 2. R 2 M abnehmen, bis alle M aufgebraucht sind. Das Teil mit dem Anschlagrand um den Pferdehals legen, an den Ecken annähen und den oberen Zipfel etwas zusammenziehen, siehe Foto.

Mit Liebe Schritt für Schritt

Gestreifte Socken

Modell 103

Größe: 38/39

Material: Ca 50 g Denim Schwarz Fb 1933: Qual Regia 4-fädig Color (75 % Schurwolle, 25 % Polyamid, LL = 210 m/50 g), je ca. 50 g Rot Fb 2054, Jaffa Fb 1259 und Himbeer Fb 1258: Qual Regia 4-fädig (75 % Schurwolle, 25 % Polyamid, LL = 210 m/ 50 g), beide Qual von SCHACHENMAYR. 1 Prym-N-Spiel Nr 2,5.
Rippenmuster: 2 M re, 2 M li im Wechsel
Gl re: Hin-R re M, Rück-R li M; in Rd nur re M
Streifenfolge: 1 Rd Denim Schwarz, *je 3 Rd Jaffa, Denim Schwarz, Himbeer, Denim Schwarz, Rot und Denim Schwarz, ab * wdh
Ausrufezeichen: Lt Vorlage in Denim Schwarz aufsticken, dabei die Flächen in Rd mit Kettenstichen aussticken.
Maschenprobe, gl re: 30 M und 42 R = 10 x 10 cm
Ausführung: Anschlag je 60 M in Denim Schwarz (= 15 M pro N) und 8 cm im Rippenmuster str. Anschließend gl re gemäß Streifenfolge weiterarb. Nach 37 Rd ab Bund mit der Ferse in Denim Schwarz beginnen und die Socken nach den allgemeinen Strumpfregeln auf Seite .. weiterstr. Nach der Ferse die Streifenfolge fortsetzen. Nach 20 cm ab Fersenmitte mit der Bandspitze in Denim Schwarz beginnen.
Fertigstellung: Außen auf den Schaft jeweils ein „Ausrufezeichen" sticken.

Socken mit gestickten Lippen

Modell 104

Größe: 36/37

Material: Ca 100 g Denim Schwarz Fb 1933: Qual Regia 4-fädig Color (75 % Schurwolle, 25 % Polyamid, LL = 210 m/50 g), je ca 50 g oder ein Rest Jaffa Fb 1259, Rot Fb 2054 und Himbeer Fb 1258: Qual Regia 4-fädig (75 % Schurwolle, 25 % Polyamid, LL = 210 m/50 g), beide Qual von SCHACHENMAYR. 1 Prym-N-Spiel Nr 2,5.
Gl re: Hin-R re M, Rück-R li M; in Rd nur re M
Lippen: Nachträglich lt Vorlage im Stilstich aufsticken.
Maschenprobe, gl re: 30 M und 42 R = 10 x 10 cm
Ausführung: Anschlag je 60 M in Denim Schwarz (= 15 M pro N) und gl re str. Nach 18 cm ab Anschlag mit der Ferse beginnen und die Socken nach den allgemeinen Strumpfregeln auf Seite .. weiterstr. Nach 18,5 cm ab Fersenmitte mit der Bandspitze beginnen.
Fertigstellung: Den Schaft und das Fußblatt nach Belieben mit Lippen in Jaffa, Himbeer und Rot besticken.

Herz-Socken

Modell 105

Größe: 38/39

Material: Ca 100 g Denim Schwarz Fb 1933: Qual Regia 4-fädig Color (75 % Schurwolle, 25 % Polyamid, LL = 210 m/50 g), je ca. 50 g Rot Fb 2054, Jaffa Fb 1259, Himbeer Fb 1258 und Weiß Fb 2080: Qual Regia 4-fädig (75 % Schurwolle, 25 % Polyamid, LL = 210 m/50 g), beide Qual von SCHACHENMAYR. 2 Prym-N-Spiele Nr 2,5.
Gl re: Hin-R re M, Rück-R li M; in Rd nur re M
Einstrickmmotive: Nachträglich gemäß Zählmuster im M-Stich aufsticken.
Maschenprobe, gl re: 30 M und 42 R = 10 x 10 cm
Ausführung: Anschlag je 60 M in Denim Schwarz (= 15 M pro N) und für den 1. Rollrand 12 Rd gl re str, dann die M stilllegen. Den 2. Rollrand in Rot ebenso arb, jedoch bereits nach 10 Rd über den 1. Rollrand schieben und in Denim Schwarz je 1 M beider N-Spiele re zusstr. Dann gl re in Denim Schwarz weiterarb. Nach 40 Rd ab Rollrand mit der Ferse in Jaffa beginnen und die Socken nach den allgemeinen Strumpfregeln auf Seite .. weiterstr. Nach der Ferse in Denim Schwarz gl re weiterarb und nach 20 cm ab Fersenmitte mit der Bandspitze in Himbeer beginnen.
Fertigstellung: Außen auf den Schaft jeweils das gr Herz mittig aufsticken, ca 10 Rd oberhalb der Ferse beginnen, dann mit je 2 Rd Abstand darunter und darüber die kl Herzen sticken. Die kl Herzen um den ganzen Schaft herumsticken, dabei die Fb sinngemäß abwechseln.

Zählmuster Modell 105

Vorlage Modell 104

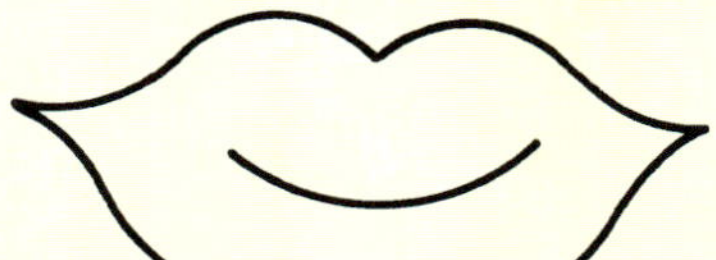

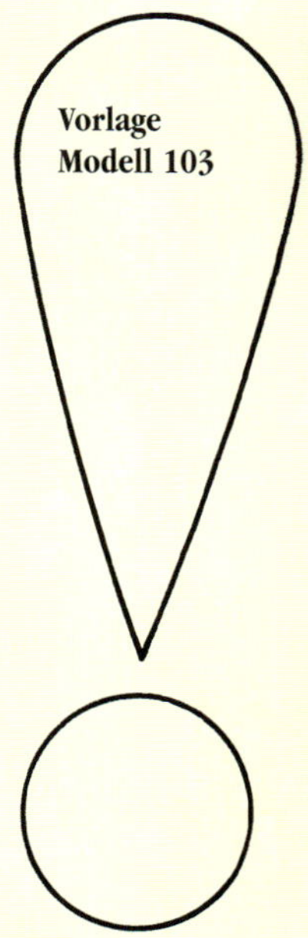

Zeichenerklärung:
1 Kästchen = 1 M und 1 Rd
= M-Grund
= Rot
= Jaffa
= Himbeer
= Weiß

Geschnürt und gerafft

Rustikale Herrensocken

Modell 106

Größe: 41/42

Material: ca. 150 g Beige meliert Fb 2046: Qual Regia 4-fädig (75 % Schurwolle, 25 % Polyamid, LL = 210 m/50 g) von SCHACHENMAYR. Prym-N-Spiel Nr 4 und Häkel-N Nr 3,5. Zwei ca. 40 cm lange braune Lederbändchen, 2 Talerknöpfe, erhältlich im Fachhandel.
Rippenmuster: 1 M re, 1 M li im Wechsel
Gl re: in Rd nur re M
Gl li: in Rd nur li M
Raute über 8 M: Gemäß Strickschrift zu Modell 106 arb. Die 1.-8. Rd stets wdh.
Hinweis: Die Socken werden mit dopp Faden gestrickt!
Maschenprobe, gl re: 20 M + 28 R = 10 x 10 cm
Ausführung, re Socke: Anschlag 52 M und 2 cm Rippenmuster str, dann wie folgt weiterarb: 1. N – 2 M li, 8 M Raute, 1 M li, 3 M re; 2. N – 3 M re, 1 M li, 8 M Raute, 2 M li; 3. + 4. N – je 1 M li, 8 M Raute, 2 M li. Nach 24 Rd ab Bund 2 x in jeder Rd die re M wie folgt abnehmen: die ersten 2 M re verschr zusstr, die letzten 2 M re zusstr. Dann die letzten 2 re M gl li str = 48 M. Nach 13 cm ab Bund mit der Ferse im Rippenmuster beginnen und die Socken nach den allgemeinen Strumpfregeln auf Seite 10-12 weiterstr. Nach der Ferse wie zuvor weiterstr, dabei die M für den Zwickel li zusstr und nach 22 cm ab Fersenmitte mit der Bandspitze im Rippenmuster beginnen.
Li Socke: Gegengl arb.
Fertigstellung: Um den gl re Streifen eine Kante wie folgt häkeln: *2 fM, 2 Lftm, 1 M übergehen, 2 fM, ab * wdh. Für den Knopf eine Schlinge häkeln. Knopf am Bund annähen. Lederbändchen durch die Häkelkante ziehen, siehe Foto.

Landhaus-Socken in Natur

Modell 107

Größe: 39/40

Material: ca. 100 g Natur Fb 1992: Qual Regia 6-fädig (75 % Schurwolle, 20 % Polyamid, 5 % Polyacryl, LL = 125 m/50 g), ca. 50 g Dunkelbraun Fb 2903: Qual Regia 4-fädig (75 % Schurwolle, 25 % Polyamid, LL = 210 m/50 g), beide Qual von SCHACHENMAYR. Prym-N-Spiel Nr 3,5. Zwei ca. 30 cm lange braune Lederbändchen, 2 Paar Knöpfe mit Kettchen, erhältlich im Fachhandel.
Rippenmuster: 1 M re, 1 M li im Wechsel
Gl re: Hin-R re, Rück-R li; in Rd nur re M
Zopfmuster: Gemäß Strickschrift zu Modell 107 arb. Die 1.-16. Rd stets wdh.
Streifenmuster:
1. + 2. Rd: re M
3. + 4. Rd: li M
Die 1. + 4. Rd stets wdh.
Maschenprobe, gl re: 22 M + 30 R = 10 x 10 cm
Ausführung, re Socke: Anschlag 56 M in Natur und für den Bund in Dunkelbraun doppfädig 1 Rd re und 1 Rd Rippenmuster str sowie in Natur 1 Rd re. Dann in Natur wie folgt weiterarb: 1. N – 9 M Zopfmuster ab Pfeil A, 3 M Streifenmuster; 2. N – 10 M Streifenmuster, 6 M Zopfmuster ab Pfeil B; 3. N – 16 M Zopfmuster ab Pfeil A; 4. N – 12 M Zopfmuster ab Pfeil C. Nach 41 Rd ab Bund mit der Ferse in Dunkelbraun doppfädig beginnen und die Socken nach den allgemeinen Strumpfregeln auf Seite 10-12 weiterstr. Nach der Ferse alle M in Natur im Zopfmuster weiterstr (= 14 M pro N). Nach 21 cm ab Fersenmitte mit der Bandspitze in Dunkelbraun doppfädig beginnen.
Li Socke: Gegengl arb.
Fertigstellung: Durch die 6. und 8. M des Streifenmusters das Lederbändchen ziehen und damit den Schaft raffen. Die Knöpfe am oberen Rand annähen, siehe Foto.

Socken mit Einsatz

Modell 108

Größe: 36/37

Material: ca. 100 g Dunkelbraun Fb 2903 und ca. 50 g Superweiß Fb 2080: Qual Regia 4-fädig (75 % Schurwolle, 25 % Polyamid, LL = 210 m/50 g) von SCHACHENMAYR. Prym-N-Spiel Nr 3 und Häkel-N Nr 2,5. Zwei ca. 70 cm lange braune Lederbändchen, erhältlich im Fachhandel
Rippenmuster: 1 M re verschr, 1 M li im Wechsel

Strickschrift zu Modell 107

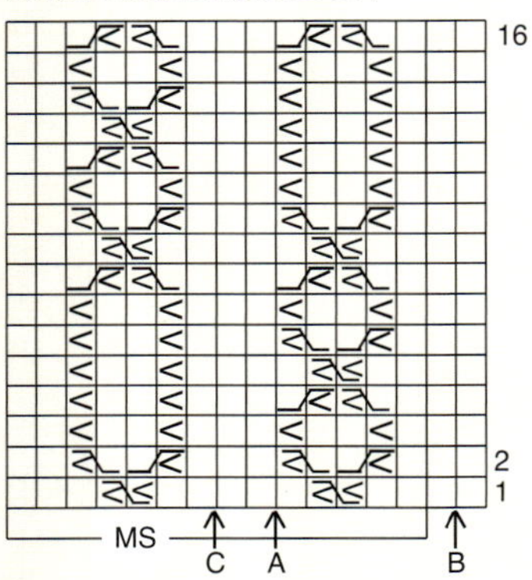

Strickschrift zu Modell 106

Zeichenerklärung:

= 1 Rdm
= 1 M li
= 1 M re verschr
= 1 M li verschr
= 1 Umschlag
= 2 M re zusstr
= 2 M überzogen zusstr (= 1 M abh, die folg M re str, dann die abgehobene M überziehen)
= die 2. vor der 1. M re verschr, die 1. M re verschr
= die 2. hinter der 1. M re verschr, die 1. M re verschr
= die 2. vor der 1. M re verschr, die 1. M li
= 1 M auf 1 Hilfs-N vor die Arb legen, 1 M li, die M der Hilfs-N re verschr
= 2 M auf 1 Hilfs-N hinter die Arb legen, 2 M re verschr, die M der Hilfs-N re verschr
= 2 M auf 1 Hilfs-N vor die Arb legen, 2 M re verschr, die M der HIlfs-N re verschr
= 2 M auf 1 Hilfs-N vor die Arb legen, 1 M li, die M der Hilfs-N re verschr
= 1 M auf 1 Hilfs-N hinter die Arb legen, 2 M re verschr, die M der Hilfs-N li
= 1 M auf 1 Hilfs-N vor die Arb legen, 2 M li verschr, die M der Hilfs-N re
= 2 M auf 1 Hilfs-N hinter die Arb legen, 1 M re, die M der Hilfs-N li verschr

Strickschrift A zu Modell 108

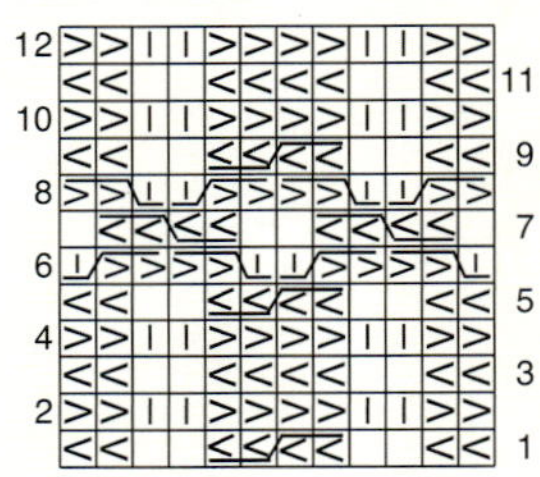

Strickschrift B zu Modell 108

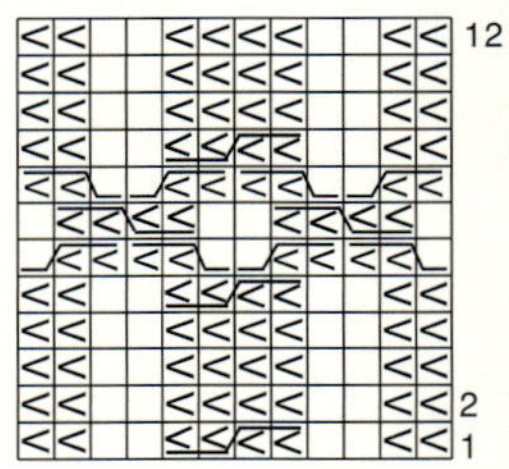

Strickschrift C zu Modell 108

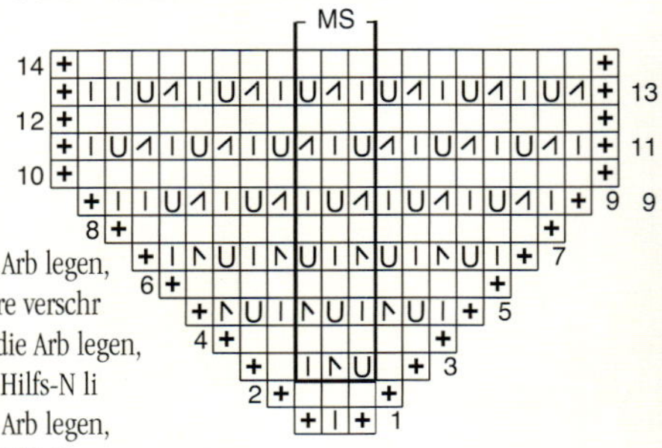

Gl re: Hin-R re, Rück-R li; in Rd nur re M
Gl li: Hin-R li, Rück-R re; in Rd nur li M
Zopfmuster: In R gemäß Strickschrift A, in Rd gemäß Strickschrift B arb. Die 1.-12. R/ Rd stets wdh.
Ajourmuster: Gemäß Strickschrift C arb. Den MS und die 3.-14. R stets wdh.
Maschenprobe, gl re: 30 M + 42 R = 10 x 10 cm
Ausführung, re Socke: Anschlag 54 M in Dunkelbraun und in offener Arb 2,5 cm Rippenmuster str. Dann wie folgt weiterarb: Rdm, 3 M gl li, 12 M Zopfmuster, 5 M gl li, 12 M Zopfmuster, 5 M gl li, 12 M Zopfmuster, 3 M gl li, Rdm. Nach 36 R ab Bund 6 M neu anschl und die Arb zur Rd schließen = 60 M (= 15 M pro N), die zugenommenen M gl li str. Nach 42 Rd ab Bund die M so einteilen, dass der Schlitz außen zwischen der 1. und 2. N liegt und mit der Ferse beginnen. Die Socken nach den allgemeinen Strumpfregeln auf Seite 10-12 weiterstr. Nach der Ferse den vorderen Zopf fortsetzen, restl M gl li str. Nach 18,5 cm ab Fersenmitte mit der Bandspitze gl re beginnen.
Li Socke: Gegengl arb.
Einsatz: Anschlag je 3 M in Weiß und im Ajourmuster str, dabei beids in jeder R 0 x 1 M zunehmen = 21 M, dann gerade weiterarb. Nach 44 R ab Anschlag noch 2,5 cm Rippenmuster str, dann die M abketten.
Fertigstellung: Den Schlitzrand in Dunkelbraun mit 1 R fM und 1 R Krebs-M (= fM von li nach re) umhäkeln. Den Einsatz mit den geraden Seiten hinter die Häkelkante nähen, die Spitze unten nach außen ziehen und befestigen. Lederbändchen an den Schlitzkanten einziehen, siehe Foto.

Rustikal bestickt

Hausschuhe

Modell 109

Größe: 38/39

Material: ca. 100 g Schwarz Fb 2066: Qual Regia 6-fädig (75 % Schurwolle, 25 % Polyamid, LL = 125 m/50 g), ca. 50 g Weinrot Fb 31: Qual Brazilia (100 % Polyester, LL = 90 m/50 g), zum Besticken je ein Rest Rot Fb 2054, Himbeer Fb 1258, Lavendel Fb 1988, Royal Fb 540, Blatt Fb 2082 und Gelb Fb 2941: Qual Regia 4-fädig Color (75 % Schurwolle, 25 % Polyamid, LL = 210 m/50 g), alle Qual von SCHACHENMAYR. Prym-N-Spiel Nr 3,5. 1 Paar Regia-Ledersohlen in Größe 38/39 von SCHACHENMAYR.
Gl re: Hin-R re M, Rück-R li M; in Rd nur re M
Stickerei: Lt Abbildung sticken: die Blätter im Margeriten- und die Stängel im Stielstich in Blatt; die Blüten im Plattstich ausfüllen, das Blüten-innere mit gelben Knötchenstichen
Maschenprobe, gl re: 22 M + 30 R = 10 x 10 cm
Ausführung: Anschlag für die Ferse je 24 M und 22 R gl re str, dann das Fersenkäppchen nach den allgemeinen Strumpfregeln auf Seite 10-12 arb. Danach aus den Fersenrändern je 12 M auffassen und über 32 M in R gl re weiterstr. Nach 10 R ab Ferse beids in jeder 2. R 3 x 1 M zunehmen, dann die M mit 10 M Zwischenanschlag zur Rd schließen = 48 M (= 12 M pro N). Gl re weiterarb und nach 20 cm ab Fersenmitte mit der Bandspitze beginnen, dabei die Abnahmen noch 1 x in der 3. Rd, 4 x in jeder 2. Rd, dann in jeder Rd wdh.
Fertigstellung: Für den Bund aus dem offenen Rand je 48 M mit Qual Brazilia heraus str und 8 Rd gl re str, dann die M abk. Die Fußoberseite besticken, beim 2. Hausschuh gegengl. Die Sohlen mit Kreuzstichen in Schwarz doppfädig annähen.

Socken mit Stickerei

Modell 110

Größe: 38/39

Material: ca. 100 g Schwarz Fb 2066: Qual Regia 6-fädig (75 % Schurwolle, 25 % Polyamid, LL = 125 m/50 g), zum Besticken je ein Rest Rot Fb 2054, Himbeer Fb 1258, Lavendel Fb 1988, Royal Fb 540, Blatt Fb 2082 und Gelb Fb 2041: Qual Regia 4-fädig (75 % Schurwolle, 25 % Polyamid, LL = 210 m/50 g), beide Qual von SCHACHENMAYR. Prym-N-Spiel Nr 3,5.
Rippenmuster: 3 M re, 1 M li im Wechsel
Gl re: Hin-R re M, Rück-R li M; in Rd nur re M
Kr re: Hin- und Rück-R re M; in Rd abwechselnd je 1 Rd li und re M
Biese: 6 Rd re M, in der folg Rd jeweils die darunter liegende M der 1. Biesen-Rd von hinten auf die li N nehmen und mit der folg M re zusstr
Stickerei: Je 1 Ranke mit 4 Blüten lt Abbildung sticken: die Blätter im Margeriten- und die Stängel im Stielstich in Blatt; die Blüten im Plattstich ausfüllen, das Blüteninnere mit gelben Knötchenstichen.
Maschenprobe, gl re: 22 M + 30 R = 10 x 10 cm
Ausführung: Anschlag je 48 M (= 12 M pro N) und für den Umschlag 3 Rd kr re, 16 Rd gl re, 1 Biese und 2 Rd gl re arb, dann die Arb wenden. Anschließend im Rippenmuster weiterarb. Nach 11 cm ab Umschlag mit der Ferse beginnen und die Socken nach den allgemeinen Strumpfregeln auf Seite 10-12 weiterstr. Dabei die äußeren je 3 M der Fersenwand kr re str und die Zwickelabnahmen in jeder 3. Rd ausführen. Nach der Ferse die M der 2. und 3. N sowie die letzte M der 1. N im Rippenmuster und restl M gl re weiterstr. Nach 20 cm ab Fersenmitte mit der Bandspitze beginnen, dabei die Abnahmen noch 1 x in je-der 3. Rd, 4 x in jeder 2. Rd, dann in jeder Rd wdh.
Fertigstellung: Den Umschlag nach außen schlagen und mit Blütenranken besticken.

Rote Aranmustersocken

Modell 111

Größe: 38/39

Material: ca. 100 g Kirsch Fb 2002: Qual Regia 6-fädig (75 % Schurwolle, 25 % Polyamid, LL = 125 m/50 g), zum Besticken je ein Rest Rot Fb 2054, Himbeer Fb 1258, Lavendel Fb 1988, Royal Fb 540, Blatt Fb 2082 und Gelb Fb 2041: Qual Regia 4-fädig (75 % Schurwolle, 25 % Polyamid, LL = 210 m/50 g), beide Qual von SCHACHENMAYR. Prym-N-Spiel Nr 3,5.
Rippenmuster: 1 M re, 1 M li im Wechsel
Gl re: Hin-R re M, Rück-R li M; in Rd nur re M
Kr re: Hin- und Rück-R re M
Rautenmuster über 18 M: Lt Strickschrift arb. Die 1.-22. Rd 1 x arb und die 3.-22. Rd 1 x wdh.
Zopfmuster über 14 M:
1. Rd: 2 M nach li verkr (= die 2. hinter der 1. M re, die 1. M re), 1 M re, 1 M li, 2 M nach li verkr, 2 M li, 2 M nach li verkr, 1 M re, 1 M li, 2 M nach li verkr
2. + 4. Rd: die M str, wie sie erscheinen
3. Rd: 2 M nach li verkr, 1 M li, 1 M re, 2 M nach li verkr, 2 M li, 2 M nach li verkr, 1 M li, 1 M re, 2 M nach li verkr
Die 1.-4. Rd stets wdh.
Stickerei: Lt Strickschrift sticken: die Blätter im Margeriten- und die Stängel im Stielstich in Blatt; die Blüten im Plattstich ausfüllen, das Blüteninnere mit gelben Knötchenstichen.
Maschenprobe, gl re: 22 M + 30 R = 10 x 10 cm
Ausführung: Anschlag je 48 M (= 12 M pro N) und 3 cm Rippenmuster str. Anschließend 1 Rd re M arb, dabei verteilt 16 M zunehmen = 64 M (= 1. + 3. N je 14 M, 2. + 4. N je 18 M) und wie folgt weiterarb: *14 M Zopfmuster, 18 M Rautenmuster, ab * 1 x wdh. Nach der 42. Zopfmuster-Rd gl re weiterarb, dabei in der 1. Rd verteilt 16 M abnehmen = 48 M (= 12 M pro N) und die M so einteilen, dass die Rauten seitl am Schaft liegen. Nun mit der Ferse beginnen und die Socken nach den allgemeinen Strumpfregeln auf Seite 10-12 weiterstr, dabei die äußeren je 3 M der Fersenwand kr re str und die Zwickelabnahmen in jeder 3. Rd ausführen. Nach 20 cm ab Fersenmitte mit der Bandspitze beginnen, dabei die Abnahmen noch 1 x in der 3. Rd, 4 x in jeder 2. Rd, dann in jeder Rd wdh.
Fertigstellung: In die Rauten je 1 Blume in Feuer, Royal, Himbeer und Lavendel sticken.

Strickschrift zu Modell 111

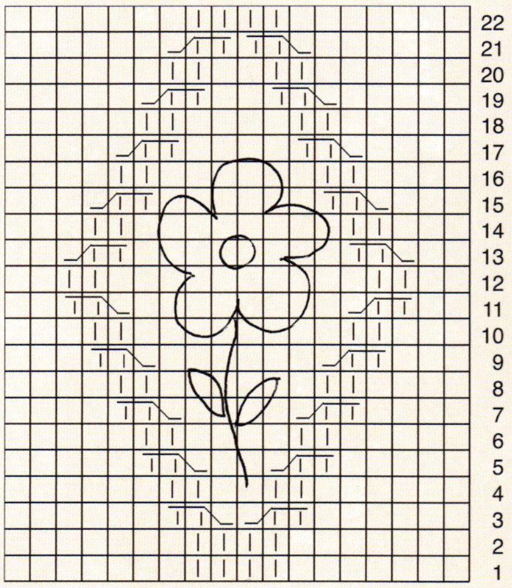

Zeichenerklärung:

☐ = 1 M li
| = 1 M re
= 1 M auf 1 Hilfs-N hinter die Arb legen, 2 M re, die M der Hilfs-N li
= 2 M auf 1 Hilfs-N vor die Arb legen, 1 M li, die M der Hilfs-N re

Fröhliches Landleben

Landhaussocken mit Stulpen

Modell 112

Größe: 38/39

Material: 150 g Beige-meliert Fb 2046: Qual Regia 4-fädig (75 % Schurwolle, 25 % Polyamid, LL = 210 m/50 g), 50 g Natur tweed Fb 02: Qual Regia Tweed (70 % Schurwolle, 25 % Polyamid, 5 % Viskose LL = 200 m/50 g), beide Qual von SCHACHENMAYR. N-Spiel Nr 3,5. Zwei Herzknöpfe mit Trachtenanhänger.
Rippenmuster: 2 M re, 2 M li im Wechsel
Gl re: Hin-R re, Rück-R li; in Rd nur re M
Gl li: Hin-R li, Rück-R re; in Rd nur li M
Streifenmuster: *1 M gl li, 4 M gl re, 1 M gl li, ab * wdh
Stulpenmuster: siehe Strickschrift A
Zopfmuster: siehe Strickschrift B
Zackenblende: 3 Rd re, 1 Rd 2 M re zusstr und 1 U im Wechsel, 3 Rd re
Hinweis: Die Socken werden mit dopp Faden gestrickt!
Maschenprobe, gl re: 24 M + 32 R = 10 x 10 cm
Ausführung: Anschlag je 60 M in Natur tweed (= 15 M pro N) und für die Stulpe wie folgt str: 7 Rd Zackenblende, 24 Rd Stulpenmuster, 7 Rd Zackenblende und 5 Rd Rippenmuster. Nun die Arbeit umstülpen und in Beige-meliert zunächst 5 Rd Rippenmuster str, dann im Zopfmuster weiterarb, dabei die M so einteilen, dass die Rd mit der 4. N beginnt. Nach 40 Rd Zopfmuster für die Ferse 26 M im Streifenmuster str. Die Socken nach den allgemeinen Strumpfregeln auf Seite 10-12 weiterstr, dabei die Zwickelabnahmen so oft wdh, bis noch 56 M übrig sind. Nach der Ferse die M der 1. + 4. N im Streifenmuster str, die M der 2. + 3. N wie folgt str: 6 M Streifenmuster, 18 M Zopfmuster, 6 M Streifenmuster, dabei das Zopfmuster nach je 8 Rd um 6 M verringern, bis alle M im Streifenmuster gestrickt werden. Nach 20 cm ab Fersenmitte die letzte M der 1. N auf die 2. N und die erste M der 4. N auf die 3. N nehmen (= 14 M pro N) und mit der Bandspitze gl re beginnen.
Fertigstellung: Die Stulpe an der 2. Zackenblende nach außen stülpen, dann die 1. + 7. Rd der Blende von innen zusammennähen, ebenso die 1. Zackenblende nach innen säumen. Außen auf die Stulpen je einen Herzknopf mit Anhänger befestigen.

Landhaussocken mit Knopf

Modell 113

Größe: 38/39

Material: 150 g Natur tweed Fb 02 und ein Rest Borke Fb 10: Qual Regia Tweed (70 % Schurwolle, 25 % Polyamid, 5 % Viskose, LL = 200 m/50 g) von SCHACHENMAYR. N-Spiel Nr 3,5. Zwei braune Lederbänder von ca. 50 cm Länge, zwei Hornknöpfe.
Rippenmuster: 1 M re, 1 M li im Wechsel
Gl re: Hin-R re, Rück-R li; in Rd nur re M
Grundmuster: siehe Strickschrift
Hinweis: Die Socken werden mit dopp Faden gestrickt!
Maschenprobe im Grundmuster: 29 M + 32 R = 10 x 10 cm
Ausführung: Anschlag je 56 M in Natur tweed (= 14 M pro N) und 4 cm Rippenmuster str, dann im Grundmuster weiterarb, dabei in der 1. Rd für die Zöpfe aus jeder 1. M einer N 3 M herausstr (= 1 M re, 1 M re verschr, 1 M re) = 64 M. Nach 12 cm ab Bund den Zopf der 2. N auf die 1. N nehmen, dann in der folg Rd die erste M der 1. N re str, folg 2 M re zusammenstr, die letzten 3 M der 1. N und die ersten 3 M der 4. N re zusammenstr. In der folg Rd nochmals die letzten 2 M der 1. N und die ersten 2 M der 4. N re zusammenstr. Nun über die 28 M der 1. + 4. N mit der Ferse gl re beginnen und die Socken nach den allgemeinen Strumpfregeln auf Seite 10-12 weiterstr. Nach der Ferse die M der 1. + 4. N gl re, die M der 2. + 3. N wie bisher im Grundmuster weiterstr. Nach 20 cm ab Fersenmitte mit der Bandspitze gl re beginnen, dabei in der 1. Rd die 2. + 3. M der 3. N re zusammen-str. Die Abnahmen noch 1 x in der 3. Rd, 4 x in jeder 2. Rd, dann in jeder Rd wdh.
Fertigstellung: Die Fußspitze und Ferse mit Kreuzstichen (über je 2 M und 3 R) in Borke doppfädig lt Abbildung verzieren. Je ein Lederband durch den oberen Bund ziehen, sodass sich zwei große Kreuzstiche bilden, dann einen Knopf einfädeln und verknoten.

Kindersocken mit Kuhknopf

Modell 114

Größe: 29/30

Material: 100 g Natur Fb 1992 und 50 g Borke meliert Fb 2140: Qual Regia 4-fädig (75 % Schurwolle, 25 % Polyacryl, LL = 210 m/50 g) von SCHACHENMAYR. N-Spiel Nr 3,5. Zwei Kuhknöpfe.
Rippenmuster: 1 M re, 1 M li im Wechsel
Gl re: Hin-R re, Rück-R li; in Rd nur re M
Grundmuster: siehe Strickschrift. Beachten, dass am Anfang der 6. und 8. Rd stets die letzte M der 4. N auf die 1. N genommen werden muss, damit sich das Muster nicht verschiebt.
Hinweis: Die Socken werden mit dopp Faden gestrickt!
Maschenprobe, gl re: 25 M + 32 R = 10 x 10 cm
Ausführung: Anschlag je 48 M (= 12 M pro N) in Meliert (= 1 Fd Natur und Borke) und 3 cm Rippenmuster str, dabei in der letzten Rd auf der 1. + 4. N je 1 M zunehmen = 50 M. Im Grundmuster in Natur doppfädig weiterarb. Nach 7 cm ab Bund auf der 1. + 4. N je 1 M abnehmen und über 28 M mit der Ferse gl re in Meliert beginnen. Die Socken nach den allgemeinen Strumpfregeln auf Seite 10-12 weiterstr. Nach der Ferse in Natur doppfädig weiterarb, dabei die M der 1. + 4. N gl re, die M der 2. + 3. N wie bisher im Grundmuster str. Nach 14 cm ab Fersenmitte mit der Bandspitze gl re in Meliert beginnen, dabei die Abnahmen noch 3 x in jeder 2. Rd, dann in jeder Rd wdh.
Fertigstellung: Außen unter dem Bund je einen Knopf annähen und darunter eine Quaste in Borke befestigen.

Strickschrift B zu Modell 112

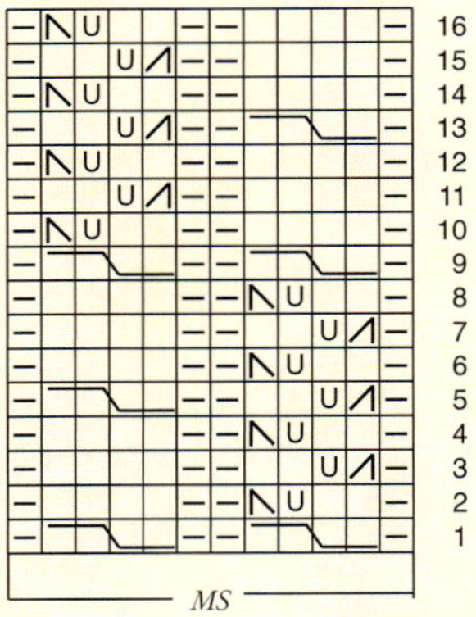

Die 1.-16. Rd stets wdh.

Strickschrift A zu Modell 112

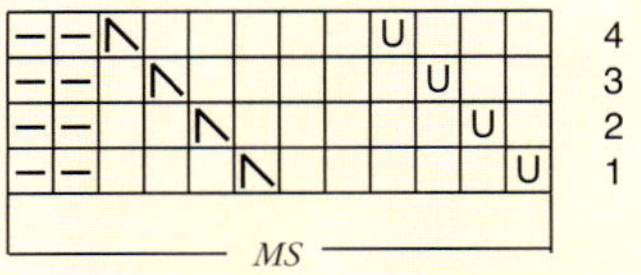

Zeichenerklärung zu A + B:

[ ] = 1 M re
[–] = 1 M li
[U] = 1 Umschlag
[/] = 2 M re zusstr
[\] = 2 M re verschr zusstr
[Zopfsymbol] = 2 M auf 1 Hilfs-N vor die Arb legen, 2 M re, die M der Hilfs-N re

Strickschrift B zu Modell 114

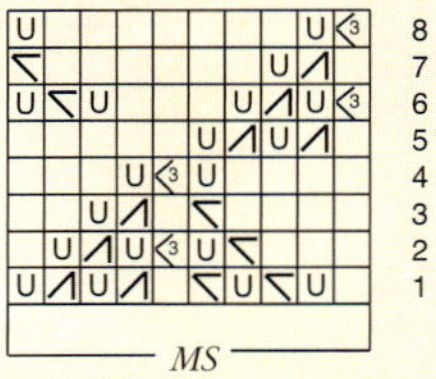

Die 1.-8. Rd stets wdh.

Zeichenerklärung:

[ ] = 1 M re
[U] = 1 Umschlag
[/] = 2 M re zusammenstr
[\] = 2 M re verschr zusammenstr
[3] = 3 M re verschr zusammenstr

Strickschrift A zu Modell 113

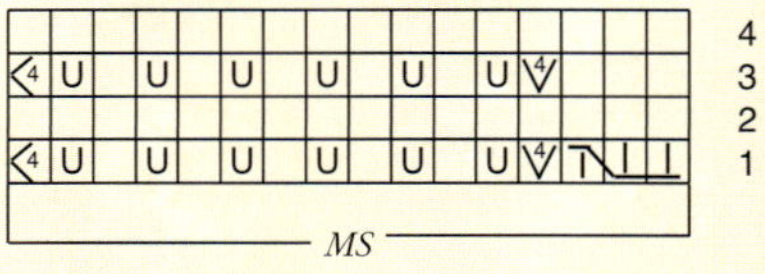

Die 1.-4. Rd stets wdh.

Zeichenerklärung:

[ ] = 1 M re
[U] = 1 Umschlag
[4] = 4 M re zusammenstr
[4] = 4 M re verschr zusammenstr
[Zopfsymbol] = 1 M auf 1 Hilfs-N vor die Arb legen, 2 M re, die M der Hilfs-N re

Eissterne auf Flausch

Hellblaue Bordürensocken

Modell 115

Größe: 36/38

Material: Je ca. 50 g Hellblau Fb 1292, Blau Fb 1293 und Wollweiß Fb 1113: Qual Meilenweit (80 % Schurwolle, 20 % Polyamid, LL = 210 m/50 g), ca. 50 g Weiß Fb 1: Qual Pep (80 % Mikrofaser, 20 % Polyamid, LL = 110 m/50 g) beide Qual von LANA GROSSA. Prym-N-Spiel Nr 2,5 und Prym-Häkel-N Nr 3,5.
Gl re: Hin-R re, Rück-R li; in Rd nur re M
Bordüre: Gl re lt Zählmuster 1 in Norwegertechnik mit mehreren Knäueln arb, dabei den unbenutzten Faden stets locker auf der Arbeitsrückseite mitführen.
Maschenprobe: 28 M + 40 R = 10 x 10 cm
Ausführung: Anschlag je 60 M in Hellblau (= 15 M pro N) und wie folgt gl re str: 18 Rd Hellblau, 23 Rd Bordüre, weiter in Hellblau. Nach 15 cm ab Anschlag mit der Ferse in Blau beginnen und die Socken nach den allgemeinen Strumpfregeln auf Seite 10-12 weiterstr. Nach der Ferse in Hellblau weiterarb und nach 19 cm ab Fersenmitte 3 Rd in Weiß str, dann mit der Bandspitze in Blau beginnen.
Fertigstellung: Die Bordüre fertig besticken. Den Anschlagrand mit je 1 Rd fM und KrebsM (= fM von li nach re) mit der Qual Pep umhäkeln.

Socken mit Jacquardstreifen

Modell 116

Größe: 38/39

Material: Je ca. 50 g Hellblau Fb 1292, Blau Fb 1293 und Wollweiß Fb 1113: Qual Meilen-weit (80 % Schurwolle, 20 % Polyamid, LL = 210 m/50 g), ca. 50 g Weiß Fb 1: Qual Pep (80 % Mikrofaser, 20 % Polyamid, LL = 110 m/50 g), beide Qual von LANA GROSSA. Prym-N-Spiel Nr 2,5 und Prym-Häkel-N Nr 3,5.
Gl re: Hin-R re, Rück-R li; in Rd nur re M
Loch-Rd: *2 M re zusstr, 1 U, 2 M re, 2 M re zusstr, 1 U, 1 M re, 2 M re zusstr, 1 U, 2 M re, 2 M re zusstr, 1 U, 2 M re, ab * wdh
Jacquardmuster: Gl re lt Zählmuster 3 in Norwegertechnik mit mehreren Knäueln arb, dabei den unbenutzten Faden stets locker auf der Arbeitsrückseite mitführen.
Musterfolge: gl re *2 Rd Hellblau, 1 Rd Wollweiß, 3 Rd Blau, dabei die mittl Rd als Loch-Rd arb, 1 Rd Wollweiß, 2 Rd Hellblau und 11 Rd Jacquardmuster, ab * wdh
Streifenfolge: *2 Rd Hellblau, 1 Rd Wollweiß, 3 Rd Blau und 1 Rd Weiß, ab * wdh
Maschenprobe: 28 M + 40 R = 10 x 10 cm
Ausführung: Anschlag je 60 M in Wollweiß (= 15 M pro N) und für den Rollrand zunächst 13 Rd gl re und 1 Rd li M str. Dann gemäß Musterfolge weiterarb. Nach 89 Rd ab Rollrand mit der Ferse in Blau beginnen und die Socken nach den allgemeinen Strumpfregeln auf Seite 10-12 weiterstr. Nach der Ferse gl re lt Streifenfolge weiterarb und nach 20,5 cm ab Fersenmitte mit der Bandspitze in Blau beginnen.
Fertigstellung: 10 ca. 22 cm lange Lftm-Ketten aus der Qual Pep häkeln, dann durch die Loch-Rd am Schaft ziehen und befestigen, sodass der Schaft elastisch bleibt.

Blaue Jacquardsocken

Modell 117

Größe: 36/37

Material: Je ca. 50 g Blau Fb 1293, Hellblau Fb 1292 und Wollweiß Fb 1113: Qual Meilenweit (80 % Schurwolle, 20 % Polyamid, LL = 210 m/50 g), ca. 50 g Eisblau Fb 14: Qual Pep (80 % Mikrofaser, 20 % Polyamid, LL = 110 m/50 g), beide Qual von LANA GROSSA. Prym-N-Spiel Nr 2,5 und 5.

Zählmuster 1 zu Modell 115

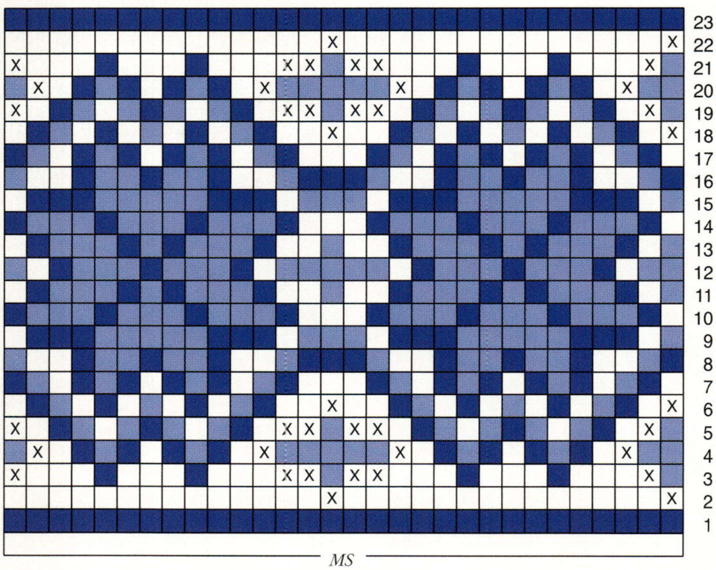

Zählmuster 3 zu Modell 116

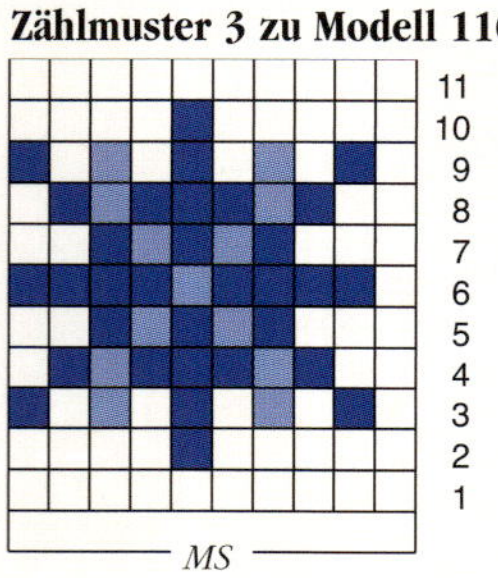

Zeichenerklärung zu Modell 115 + 116
1 Kästchen = 1 M + 1 Rd
= Blau
= Wollweiß
= Hellblau
X = 1 M-Stich mit Qual Pep

Zeichenerklärung zu Modell 117:
1 Kästchen = 1 M + 1 Rd
= Blau
= Wollweiß
= Hellblau
X = 1 M-Stich in Eisblau

Zählmuster 1 zu Modell 117

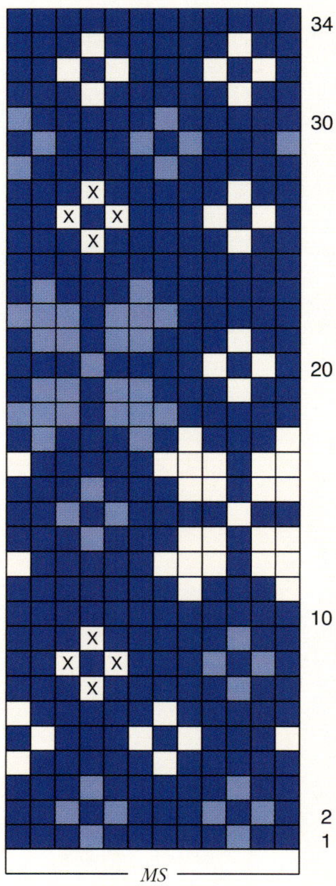

Rippenmuster mit N Nr 5: 2 M re, 2 M li im Wechsel
Die folg Muster mit N Nr 2,5 str!
Gl re: Hin-R re, Rück-R li; in Rd nur re M
Jacquardmuster: Gl re lt Zählmuster 2 in Norwegertechnik mit mehreren Knäueln arb, dabei den unbenutzten Faden stets locker auf der Arbeitsrückseite mitführen.
Streifenfolge: *5 Rd Blau, 2 Rd Wollweiß, 3 Rd Blau und 2 Rd Hellblau, ab * wdh
Maschenprobe, gl re mit N Nr 2,5: 28 M + 40 R = 10 x 10 cm
Ausführung: Anschlag je 60 M in Blau (= 15 M pro N) und gl re 7 cm in Blau und 34 Rd Jacquardmuster str. Nun mit der Ferse in Hellblau beginnen und die Socken nach den allgemeinen Strumpfregeln auf Seite 10-12 weiterstr. Nach der Ferse gl re lt Streifenfolge weiterarb und nach 19,5 cm ab Fersenmitte mit der Bandspitze in Hellblau beginnen.
Fertigstellung: Das Jacquardmuster fertig besticken. Für den Bund aus dem Anschlagrand je 36 M in Eisblau auffassen (= 9 M pro N) und 6 cm Rippenmuster str, dann die M abk. Den Bund zur Hälfte nach außen schlagen.

Warme Füße für alle

Kinder-Hausschuhe

Modell 118

Größe: 30/31

Material: ca. 50 g Lavendel Fb 1988: Qual Regia 4-fädig (75 % Schurwolle, 25 % Polyamid, LL = 210 m/50 g), ca. 50 g Superweiß Fb 2080: Qual Regia 8-fädig (75 % Schurwolle, 25 % Polyamid, LL = 100 m/50 g) ca. 50 g Weiß Fb 01: Qual Brazilia (100 % Polester, LL = 90 m/50 g), alle Qual von SCHACHENMAYR. 1 Paar Ledersohlen Größe 30/31 von SCHACHENMAYR. Prym-N-Spiel Nr 3,5 und 4.

Rippenmuster mit N Nr 3,5: 1 M re, 1 M li im Wechsel

Die folg Muster mit N Nr 4 str!

Gl re: Hin-R re, Rück-R li; in Rd nur re M

Norwegermuster: Gl re lt Zählmuster 3 in Norwegertechnik mit mehreren Knäueln arb, dabei den unbenutzten Faden stets locker auf der Arbeitsrückseite mitführen.

Hinweis: Die Qual Regia 4-fädig mit doppeltem Faden verstricken!

Maschenprobe, gl re doppfädig: 22 M + 28 R = 10 x 10 cm

Ausführung: An der Ferse beginnen, dafür 19 M in Lavendel doppfädig anschl und mit verkürzten R wie bei Modell 120 beschrieben arb. Wenn beids 7 Dopp-M vorhanden sind, am Ende der 16. Rd die 7 Dopp-M re abstr und in der folg Rück-R die 7 Dopp-M am Ende der R li abstr. Nun für die untere Fersenhälfte wie folgt weiterarb: **18. R:** 13 M re; **19. R:** 1 Dopp-M, 6 M li, wenden; **20.-31. R:** die 24. und 25. R wie bei Modell 120 stets wdh; **32. R:** 1 Dopp-M, bis vor die Dopp-M alle M re str, die Dopp-M re abstr und für das Fußblatt 2 M neu anschl, wenden; **33. R:** bis vor die Dopp-M alle M li str, die Dopp-M li abstr und 2 M neu anschl; **34. R:** alle M re und 2 M neu anschl; 35. R: alle M li und 2 M neu anschl = 27 M, wenden; nun in Rd weiterarb und die M wie folgt verteilen: 4 M re = 3. N; 10 M re = 4. N, 9 M re = 1. N, 4 M re plus 6 M neu anschl = 2. N, 5 M neu anschl plus die 4 M der 3. N = 3. N. Über alle 38 M gl re weiterarb, dabei auf der 2. und 3. N nach 2 Rd das Norwegermuster arb, dann in Lavendel weiterarb. Damit an der Sohle (1. + 4. N) keine langen Spannfäden entstehen, stets je 1 M in der Muster-Fb im Wechsel str und das Muster in jeder Rd versetzen. Nach 15,5 cm ab Fersenmitte mit der Bandspitze beginnen, dabei die Abnahmen noch 1 x in der 3. Rd, 2 x in jeder 2. Rd, dann in jeder Rd wdh.

Aus dem oberen Rand für den Bund 44 M in Lavendel auffassen (= 11 M pro N) und 4 Rd Rippenmuster in Lavendel und 10 Rd gl re mit Brazilia str, dann die M abk.

Fertigstellung: Die Ledersohlen mit Langettenstichen in Lavendel einfädig annähen, dabei mehrmals in dasselbe Loch einstechen.

Norweger-Hausschuhe in Türkis

Modell 119

Größe: 38/39

Material: ca. 100 g Türkis Fb 1255: Qual Regia 4-fädig (75 % Schurwolle, 25 % Polyamid, LL = 210 m/50 g), ca. 50 g Superweiß Fb 2080: Qual Regia 8-fädig (75 % Schurwolle, 25 % Polyamid, LL = 100 m/50 g), ca. 50 g Weiß Fb 01: Qual Brazilia (100 % Polyester, LL = 90 m/50 g) alle Qual von SCHACHENMAYR. 1 Paar Ledersohlen Größe 38/39 von SCHACHENMAYR. Prym-N-Spiel Nr 3,5 und 4.

Rippenmuster mit N Nr 3,5: 1 M re, 1 M li im Wechsel

Die folg Muster mit N Nr 4 str!

Gl re: Hin-R re, Rück-R li; in Rd nur re M

Norwegermuster: Gl re lt Zählmuster 2 in Norwegertechnik mit mehreren Knäueln arb, dabei den unbenutzten Faden stets locker auf der Arbeitsrückseite mitführen.

Hinweis: Die Qual Regia 4-fädig mit doppeltem Faden verstricken!

Maschenprobe, gl re doppfädig: 22 M + 28 R = 10 x 10 cm

Ausführung: An der Ferse beginnen, dafür 23 M in Türkis doppfädig anschl und mit verkürzten R wie bei Modell 120 beschrieben arb. Wenn beids 8 Dopp-M vorhanden sind, am Ende der 18. R die 8 Dopp-M re abstr und in der folg Rück-R die 8 Dopp-M am Ende der R li abstr. Nun für die untere Fersenhälfte wie folgt weiterarb: **20. R:** 16 M re; **21. R:** 1 Dopp-M, 8 M li, wenden; **22.-35. R:** die 24. und 25. R wie bei Modell 120 stets wdh; **36. R:** 1 Dopp-M, bis vor die Dopp-M alle M re str, die Dopp-M re abstr und für das Fußblatt 2 M neu anschl, wenden; **37. R:** bis vor die Dopp-M alle M li str, die Dopp-M li abstr und 2 M neu anschl; **38. R:** alle M re und 2 M neu anschl; **39. R:** alle M li und 2 M neu anschl = 31 M, wenden; nun in Rd weiterarb und die M wie folgt verteilen: 4 M re = 3. N; 12 M re = 4. N, 11 M re = 1. N, 4 M re plus 8 M neu anschl = 2. N, 7 M neu anschl plus die 4 M der 3. N = 3. N. Über alle 46 M gl re weiterarb, dabei auf der 2. und 3. N nach 2 Rd das Norwegermuster arb, dann in Türkis weiterarb. Damit an der Sohle (1. + 4. N)

Zählmuster 3 zu Modell 118

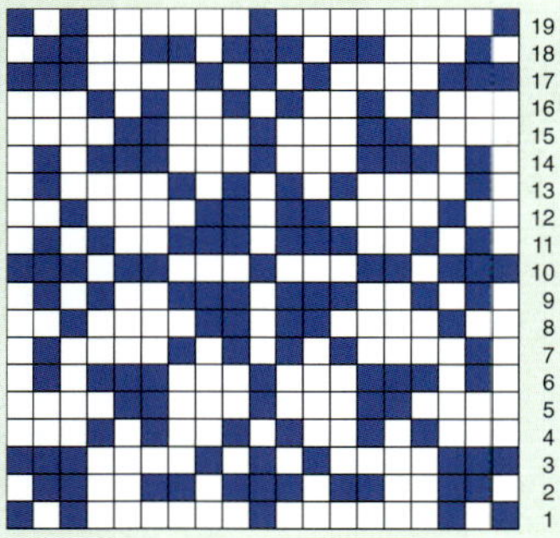

Zählmuster 2 zu Modell 119

Zählmuster 1 zu Modell 120

Zeichenerklärung zu den Modellen:

1 Kästchen = 1 M + 1 Rd

- = Lavendel
- = Weiß
- = Türkis
- = Royal
- = Blatt

keine langen Spannfäden entstehen, stets je 1 M in den Muster-Fb im Wechsel str und das Muster in jeder Rd versetzen. Nach 20 cm ab Fersenmitte mit der Bandspitze beginnen, dabei die Abnahmen noch 1 x in der 3. Rd, 3 x in jeder 2. Rd, dann in jeder Rd wh. Aus dem oberen Rand für den Bund 52 M in Türkis auffassen (= 13 M pro N) und 4 Rd Rippenmuster in Türkis und 14 Rd gl re mit Brazilia str, dann die M abk.
Fertigstellung: Die Ledersohlen mit Langettenstichen in Türkis einfädig annähen, dabei mehrmals in dasselbe Loch einstechen.

Norweger-Hausschuhe in Royal
Modell 120

Größe: 42/43

Material: ca. 100 g Royal Fb 540 und ca. 50 g Blatt Fb 2082: Qual Regia 4-fädig (75 % Schurwolle, 25 % Polyamid, LL = 210 m/50 g) von SCHACHENMAYR. 1 Paar Ledersohlen Größe 42/43 von SCHACHENMAYR. Prym-N-Spiel Nr 3,5 und 4.
Rippenmuster mit N Nr 3,5: 1 M re, 1 M li im Wechsel
Die folg Muster mit N Nr 4 str!
Gl re: Hin-R re, Rück-R li; in Rd nur re M
Norwegermuster: Gl re lt Zählmuster 1 in Norwegertechnik mit mehreren Knäueln arb, dabei den unbenutzten Faden stets locker auf der Arbeitsrückseite mitführen.
Hinweis: Stets mit doppeltem Faden stricken!
Maschenprobe, gl re doppfädig: 22 M + 28 R = 10 x 10 cm
Ausführung: An der Ferse beginnen, dafür 25 M in Royal doppfädig anschl und mit verkürzten R arb: **1. R (= Rück-R):** li M; **2. R (= Hin-R):** re M; **3. R:** 1 Dopp-M (= Fd vor die Arb legen, die 1. M li abheben, den Fd nach hinten nehmen und die M anziehen, sodass 2 M auf der N liegen), 24 M li; **4. R:** 1 Dopp-M, bis vor die Dopp-M alle M re, wenden; **5. R:** 1 Dopp-M, bis vor die Dopp-M alle M li, wenden; **6.-20. R:** die 4. und 5. R stets wdh, bis beids 9 Dopp-M vorhanden sind. Am Ende der 20. R alle 9 Dopp-M re abstr, dabei jeweils beide M-Glieder zus erfassen und in der folg Rück-R die 9 Dopp-M am Ende der R li abstr. Nun für die untere Fersenhälfte wie folgt weiterarb: **22. R:** 17 M re; **23. R:** 1 Dopp-M, 8 M li, wenden; **24. R:** 1 Dopp-M, bis vor die Dopp-M alle M re, die Dopp-M re abstr und die folg M re, wenden; **25. R:** 1 Dopp-M, bis vor die Dopp-M alle M li, die Dopp-M li abstr und die folg M li, wenden; **26.-39. R:** die 24. und 25. R stets wdh; **40. R:** 1 Dopp-M, bis vor die Dopp-M alle M re str, die Dopp-M re abstr und für das Fußblatt 2 M neu anschl, wenden; **41. R:** bis vor die Dopp-M alle M li str, die Dopp-M li abstr und 2 M neu anschl; **42. R:** alle M re und 2 M neu anschl; **43. R:** alle M li und 2 M neu anschl = 33 M, wenden; nun in Rd weiterarb und die M wie folgt verteilen: 4 M re = 3. N; 13 M re = 4. N, 12 M re = 1. N, 4 M re plus 9 M neu anschl = 2. N, 8 M neu anschl plus die 4 M der 3. N = 3. N. Über alle 50 M gl re weiterarb, dabei auf der 2. und 3. N nach 2 Rd das Norwegermuster arb, dann in Royal weiterarb. Damit an der Sohle (1. + 4. N) keine langen Spannfäden entstehen, stets je 1 M in den Muster-Fb im Wechsel str und das Muster in jeder Rd versetzen. Nach 22,5 cm ab Fersenmitte mit der Bandspitze beginnen, dabei die Abnahmen noch 1 x in der 3. Rd, 4 x in jeder 2. Rd, dann in jeder Rd wdh. Aus dem oberen Rand für den Bund 56 M in Royal auffassen (= 14 M pro N) und 6 Rd Rippenmuster in Royal und 5 Rd gl re in Blatt str, dann die M abk.
Fertigstellung: Die Ledersohlen mit Langettenstichen in Royal einfädig annähen, dabei mehrmals in dasselbe Loch einstechen.

Hüttenzauber

Kinderhüttenschuhe in Orange

Modell 121

Größe: 30/31

Material: Je ca. 100 g Orange Fb 5121 und Jeansblau Fb 5162 „Living" (100 % Schurwolle, LL = 80 m/50 g) von GEDIFRA. 1 Paar Regia Ledersohlen Größe 30/31 von SCHACHENMAYR. Prym-Rundstrick-N Nr 5,5 bis 6, ein N-Spiel Nr 5 bis 5,5 und eine Häkel-N Nr 5.
Rippenmuster in Jeansblau: 2 M re, 2 M li im Wechsel
Gl re in Orange mit N Nr 5,5 bis 6: Hin-R re, Rück-R li
Häkelnoppen in Orange: in 1 Lftm 6 bis 7 halb abgem DStb arb, diese dann zus abm und mit 1 Lftm zusziehen
Hinweis: Die Hüttenschuhe werden mit dopp Faden gearbeitet!
Ausführung: Für die li Sohle 3 M anschl und gl re str, dabei wie folgt M zu- bzw. abnehmen: in jeder 2. R beids 2 x 1 M zunehmen; nach weiteren 10 R am li und 13 R am re Rand je 1 M zunehmen; für die Spitze nach 25 R ab Anschlag am li Rand 1 M, dann nach 2 R noch 1 M abnehmen und gleichzeitig nach 26 R ab Anschlag am re Rand 1 M und in der folg R noch 1 x 1 M abnehmen. Nach 28 R ab Anschlag die restl M abk. Die re Sohle gegengl arb. Für das re bzw. li Oberteil aus der jeweiligen Sohlenkante beginnend und endend in der Spitzenmitte je Seite 25 M herausstr. Die Fersenmitte mit einem Fd markieren. Gl re in offener Arb weiterstr, dabei beids in der 4. R 1 x 1, in jeder R 5 x 1, 1 x 2, 1 x 1 und 1 x 4 M abk. Gleichzeitig nach 12 R ab Anstricken vor der Fersenmitte die beiden M überzogen zusstr (= 1 M re abheben, 1 M re, die abgehobene M überziehen) und die beiden M danach re zusstr. Diese Abnahmen nach 4 R 1 x wdh. Nach 20 R ab Anstricken die M auf das N-Spiel verteilen (= 5 M pro N) und für den Schaft 10 cm Rippenmuster str. Die M abk. Die vordere Naht schließen. Den Schuh in die entsprechende Sohle legen und mit Kreuzstichen in Jeansblau mit dopp Fd annähen. Den Schaft nach außen umschlagen und lt Foto oder nach Belieben mit Häkelnoppen verzieren.

Hüttenschuhe in Dunkelbraun

Modell 122

Größe: 41/42

Material: ca. 200 g Dunkelbraun Fb 14 und ca. 100 g Anthrazit Fb 97: Qual Shetland (80 % Schurwolle, 20 % Alpaka, LL = 166 m/50 g) von GEDIFRA. 1 Paar Regia Ledersohlen Größe 41/42 von SCHACHENMAYR. Prym-Rundstrick-N Nr 5,5 bis 6, ein N-Spiel Nr 5 bis 5,5.
Rippenmuster in Dunkelbraun: 2 M re, 2 M li im Wechsel
Gl re mit N Nr 5,5 bis 6: Hin-R re, Rück-R li
Mustereinteilung: Über den äußeren 9 und mittl 16 M in Anthrazit, restl M in Dunkelbraun str, dabei die innere anthrazitfarbene Fläche in jeder 2. R beids um 5 x 1 und 1 x 2 M verkleinern, dann in Dunkelbraun weiterstr. Mit mehreren Knäueln arb und beim Farbwechsel die Fäden auf der Arbeitsrückseite verkreuzen.
Hinweis: Die Hüttenschuhe werden mit doppeltem Faden gearbeitet!
Ausführung: Für die li Sohle 4 M anschl und gl re str, dabei wie folgt M zu- bzw. abnehmen: in jeder 2. R beids 3 x 1 M zunehmen; nach weiteren 16 R am li Rand 1 M sowie am re Rand nach 20 R 1 M zunehmen; für die Spitze nach 32 R ab Anschlag am li Rand 1 M, dann in jeder 2. R 2 x 1 und in jeder R 2 x 1 M abnehmen und gleichzeitig nach 35 R ab Anschlag am re Rand 1 x 1, in der folg 2. R 1 x 1 und in der folg R noch 1 x 1 M abnehmen. Nach 39 R ab Anschlag die restl M abk. Die re Sohle gegengl arb. Für das re bzw. li Oberteil aus der jeweiligen Sohlenkante beginnend und endend in der Spitzenmitte je Seite 36 M herausstr. Die Fersenmitte mit einem Fd markieren. Lt Mustereinteilung in offener Arb weiterstr, dabei beids in der 6. R 1 x 1, in jeder R 4 x 1, 1 x 4, 1 x 2, 1 x 6 und 1 x 1 M abk. Gleichzeitig nach 12 R ab Anstricken vor der Fersenmitte die beiden M überzogen zusstr (= 1 M re abheben, 1 M re, die abgehobene M überziehen) und die beiden M danach re zusstr. Diese Abnahmen nach 4 R 1 x wdh. Nach 22 R ab Anstricken die M auf das N-Spiel verteilen (= je 8 M pro N) und für den Schaft 11 cm Rippenmuster str. Die M abk. Die vordere Naht schließen. Den Schuh in die entsprechende Sohle legen und mit Kreuzstichen in Dunkelbraun mit dopp Fd annähen. Den Schaft nach außen umschlagen.

Hüttenschuhe in Jeansblau

Modell 123

Größe: 34/35

Material: ca. 200 Jeansblau Fb 5162 und ca. 100 g Natur Fb 5125: „Living" (100 % Schurwolle, LL = 80 m/50 g) von GEDIFRA. 1 Paar Regia Ledersohlen Größe 34/35 von SCHACHENMAYR. Prym-Rundstrick-N Nr 5,5 bis 6 und ein N-Spiel Nr 5 bis 5,5; Häkel-N Nr 5.
Rippenmuster in Natur: 2 M re, 2 M li im Wechsel
Gl re in Jeansblau mit N Nr 5,5 bis 6: Hin-R re, Rück-R li
Hinweis: Die Hüttenschuhe werden mit dopp Faden gearbeitet!
Ausführung: Für die li Sohle 4 M anschl und gl re str, dabei wie folgt M zu- bzw. abnehmen: in jeder 2. R beids 2 x 1 M zunehmen; nach weiteren 12 R am li Rand und 15 R am re Rand je 1 M zunehmen; für die Spitze nach 27 R ab Anschlag am li Rand 1 M, dann nach 2 R 1 x 1 und in der folg R 1 x 1 M abnehmen und gleichzeitig nach 28 R ab Anschlag am re Rand 1 M ebenso abnehmen. Nach 31 R ab Anschlag die restl M abk. Die re Sohle gegengl arb. Für das re bzw. li Oberteil aus der jeweiligen Sohlenkante beginnend und endend in der Spitzenmitte je Seite 28 M herausstr. Die Fersenmitte mit einem Fd markieren. Gl re in offener Arb weiterstr, dabei beids in der 4. R 1 x 1, in der 2. R 1 x 1, in jeder R 3 x 1, 1 x 2, 1 x 1 und 1 x 6 M abk. Gleichzeitig nach 12 R ab Anstricken vor der Fersenmitte die beiden M überzogen zusstr (= 1 M re abheben, 1 M re, die abgehobene M überziehen) und die beiden M danach re zusstr. Diese Abnahmen nach 4 R 1 x wdh. Nach 20 R ab Anstricken die M auf das N-Spiel verteilen (= je 6 M pro N) und für den Schaft 10 cm Rippenmuster str. Die M abk. Die vordere Naht schließen. Den Schuh in die entsprechende Sohle legen und mit Kreuzstichen in Natur mit dopp Fd annähen. Den Schaft nach außen umschlagen und lt Foto oder nach Belieben kleine Fransen in Natur anhäkeln.

Hüttenschuhe in Beige

Modell 124

Größe: 38/39

Material: ca. 200 Beige Fb 13 und ca. 100 g Natur Fb 02: Qual Shetland (80 % Schurwolle, 20 % Alpaka, LL = 166 m/50 g) von GEDIFRA. 1 Paar Regia Ledersohlen Größe 38/39 von SCHACHENMAYR. Prym-Rundstrick-N Nr 5,5 bis 6, ein N-Spiel Nr 5 bis 5,5 und eine Häkel-N Nr 5.
Rippenmuster in Beige: 2 M re, 2 M li im Wechsel
Gl re mit N Nr 5,5 bis 6: Hin-R re, Rück-R li
Mustereinteilung, Gl re: Über den äußeren 7 und mittl 12 M in Natur, restl M in Beige str, dabei die innere naturfarbene Fläche in jeder 2. R beids um 4 x 1 und 1 x 2 M verkleinern. Mit mehreren Knäueln arb und beim Farbwechsel die Fäden auf der Arbeitsrückseite verkreuzen.
Hinweis: Die Hüttenschuhe werden mit dopp Faden gearbeitet!
Ausführung: Für die li Sohle 4 M anschl und gl re str, dabei wie folgt M zu- bzw. abnehmen; in jeder 2. R beids 2 x 1 M zunehmen; nach weiteren 13 R am li Rand 1 M und nach nochmals 8 R 1 M sowie

am re Rand nach 18 R 1 M zunehmen; für die Spitze nach 29 R ab Anschlag am li Rand 1 M, dann in jeder 2. R 2 x 1 und in der folg R noch 1 x 1 M abnehmen und gleichzeitig nach 31 R ab Anschlag am re Rand 1 x 1, in der folg 2. R 1 x 1 M und in der folg R noch 1 x 1 M abnehmen. Nach 35 R ab Anschlag die restl M abk. Die re Sohle gegengl arb.

Für das re bzw. li Oberteil aus der jeweiligen Sohlenkante beginnend und endend in der Spitzenmitte je Seite 31 M herausstr. Die Fersenmitte mit einem Fd markieren. Lt Mustereinteilung in offner Arb weiterstr, dabei beids in der 4. R 1 x 1, in jeder R 4 x 1, 3 x 2 und 1 x 4 M abk. Gleichzeitig nach 14 R ab Anstricken vor der Fersenmitte die beiden M überzogen zusstr (= 1 M re abheben, 1 M re, die abgehobene M überziehen) und die beiden M danach re zusstr. Diese Abnahmen nach 4 R 1 x wdh. Nach 22 R ab Anstricken die M auf das N-Spiel verteilen (= je 7 M pro N) und für den Schaft 10 cm Rippenmuster str. Die M abk. Die vordere Naht schließen. Den Schuh in die entsprechende Sohle legen und mit Kreuzstichen in Beige mit dopp Fd annähen. Den Schaft nach außen umschlagen und mit Krebs-M (= fM von li nach re) in Natur umhäkeln.

Kuschelpelzchen

Kindersocken mit Fell

Modell 125

Größe: 28/29

Material: ca. 100 g Natur Fb 1992: Qual Regia 8-fädig (75 % Schurwolle, 25 % Polyamid, LL = 100 m/50 g) von SCHACHENMAYR. Prym-N-Spiel Nr 4. Kunstfellreste in Natur aus dem Fachhandel.

Rippenmuster: 1 M re, 1 M li im Wechsel

Gl re: Hin-R re, Rück-R li; in Rd nur re M

Kr re: 1 Rd re und 1 Rd li im Wechsel

Patentmuster:

1. Rd: *1 M li, 1 M mit 1 U li abheben, ab * wdh

2. Rd: 1 M li, die M mit dem U re zusstr, ab * wdh

Die 1. + 2. Rd stets wdh.

Musterfolge: *8 Rd Patentmuster, 4 Rd kr re, ab * stets wdh.

Maschenprobe, gl re: 20 M + 28 R = 10 x 10 cm

Ausführung: Anschlag je 40 M (= 10 M pro N) und 1 Rd Rippenmuster str, dann für den Umschlag wie folgt arb: 6 Rd Patentmuster, 5 Rd kr re, 6 Rd Patentmuster und 2 Rd Rippenmuster. Noch 1 Rd Rippenmuster str, dabei verteilt 8 M abnehmen = 32 M (= 8 M pro N), dann die Arb für den Umschlag umstülpen und nochmals 12 Rd Rippenmuster str. Nun 26 Rd lt Musterfolge arb, dann mit der Ferse gl re beginnen und die Socken nach den allgemeinen Strumpfregeln auf Seite 10-12 weiterstr. Nach der Ferse die M der 2. + 3. N plus die letzten 2 M der 1. N und die ersten 3 M der 4. N (= 21 M) lt Musterfolge weiterarb, restl M gl re str. Nach 34 Rd ab Ferse über alle M 5 Rd kr re str, dann gl re weiterarb. Nach 14 cm ab Fersenmitte mit der Band-spitze beginnen, dabei jeweils die 2. und 3. M der 2. + 4. N sowie die dritt- und zweitletzte M der 1. + 3. N li zusstr.

Fertigstellung: Umschlag nach außen schlagen. Aus dem Kunstfell zwei Streifen à 1,5 cm Breite zuschneiden und am Umschlagrand annähen. Je 3 kleine Fellstücke außen am Schaft und Umschlag befestigen.

Damensocken mit Fell

Modell 126

Größe: 38/39

Material: ca. 150 g Natur Fb 1992: Qual Regia 8-fädig (75 % Schurwolle, 25 % Polyamid, LL = 100 m/50 g) von SCHACHENMAYR. Prym-N-Spiel Nr 4. 2 Kunstfellstreifen in Natur à 7 x 26 cm aus dem Fachhandel.

Rippenmuster: 1 M re, 1 M li im Wechsel

Gl re: Hin-R re, Rück-R li; in Rd nur re M

Kr re: 1 Rd re und 1 Rd li im Wechsel

Patentmuster:

1. Rd: 1 M mit 1 U li abheben

2. Rd: die M mit dem U re zusstr

Die 1. + 2. Rd stets wdh.

Strukturmuster: Lt Strickschrift arb. In den geraden Rd die M str, wie sie erscheinen bzw. mustergemäß. Die 1.-28. Rd stets wdh.

Maschenprobe, gl re: 20 M + 28 R = 10 x 10 cm

Ausführung: Anschlag je 52 M (= 13 M pro N) und 4 Rd gl re str, dann 18 Rd im Rippenmuster arb, dabei in der 1. Rd verteilt 4 M abnehmen = 48 M (= 12 M pro N). Nun im Strukturmuster weiterarb. Nach 34 Rd ab Rippenmuster mit der Ferse gl re beginnen und die Socken nach den allgemeinen Strumpfregeln auf Seite 10-12 weiterstr. Nach der Ferse die M der 2. + 3. N plus die letzte M der 1. N und die ersten 2 M der 4. N (= 27 M) im Strukturmuster weiterarb, restl M gl re str. Nach 20,5 cm ab Fersenmitte mit der Bandspitze gl re beginnen, dabei jeweils die 2. und 3. M der 2. + 4. N sowie die dritt- und zweitletzte M der 1. + 3. N li zusstr.

Fertigstellung: Die Kunstfellstreifen am oberen Sockenrand als Umschlag annähen, Schmalseiten schließen.

Strickschrift zu Modell 126

X	X		P		X	X	X	27
X	X		P		X	X	X	25
X	X		P		X	X	X	23
X	X		P		X	X	X	21
	P		P		P		P	19
	P		P		P		P	17
	P		P		P		P	15
	X	X	X	X	X		P	13
	X	X	X	X	X		P	11
	X	X	X	X	X		P	9
	X	X	X	X	X		P	7
	P		P		P		P	5
	P		P		P		P	3
	P		P		P		P	1

MS

Zeichenerklärung:

X = 1 M kr re

☐ = 1 M li

P = 1 Patent-M

Baby-Schühchen

Modell 127

Größe: ca. 6-9 Monate

Material: ca. 50 g Natur Fb 1992: Qual Regia 4-fädig (75 % Schurwolle, 25 % Polyamid, LL = 210 m/50 g) von SCHACHENMAYR. Prym-N-Spiel Nr 2. Kunstfellreste und 1 Lederbändchen in Natur aus dem Fachhandel.

Rippenmuster: 1 M re, 1 M li im Wechsel

Gl re: Hin-R re, Rück-R li; in Rd nur re M

Kr re: Hin- und Rück-R re

Patentmuster:

1. Rd: *1 M mit 1 U li abheben, 1 M li, ab * wdh

2. Rd: die M mit dem U re zusstr, 1 M li, ab * wdh

Die 1. + 2. Rd stets wdh.

Maschenprobe, gl re: 30 M + 42 R = 10 x 10 cm

Ausführung: Anschlag je 48 M (= 12 M pro N) und für den Schaft 3 Rd gl re, 4 Rd Rippenmuster und 15 Rd Patentmuster str. Nun noch 1 Loch-Rd (= 1 U und 2 M re zusstr im Wechsel), 1 Rd Rippenmuster und 2 Rd Patentmuster arb, dann mit dem Fußblatt beginnen. Dafür 34 M stilllegen und über 14 M 18 R gl re str. Dann aus den Seitenkanten des Fußblattes je 9 M auffassen, die stillgelegten M wieder in Arb nehmen und in Rd über 66 M im Patentmuster weiterstr. Nach 10 Rd ab Fußblatt über diese 14 M nun für die Sohl kr re str, restl M stilllegen, dabei am Ende jeder R die letzte Sohlen-M mit der folg stillgelegten M re zusstr. Gleichzeitig nach 24 R kr re beids in jeder 4. R 3 x je 1 M abnehmen = 8 Sohlen-M. Sind noch 8 stillgelegte M übrig, dann diese mit den Sohlen-M zus abk.

Fertigstellung: Aus dem Kunstfell 2 Streifen à 1,5 cm Breite zuschneiden und als Umschlag an den oberen Rand nähen. Je 2 Fellstücke für das Fußblatt zuschneiden und befestigen. Das Lederbändchen halbieren und durch die Loch-Rd ziehen.

Impressum

Entwürfe:
Janne Graf: Seiten 31, 87
Inge Glaser-Engelmeier:Seiten 47, 50, 55
Ursula Hoben: Seite 59
Jutta Hinrichs: Seite 61
Ursula Huber: Seite 73
Gisela Klöpper: Seiten 67, 83, 89
Dorothea Neumann: Seiten 19, 41, 79
Neumann/Grehl: Seite 75
Elisabeth Plauert: Seiten 63, 65
Simone Raab: Seite 77
Friedel Römer:
Seiten 27, 29, 71, 77 (Herr)
Schoeller + Stahl:
Seiten 23, 25, 45, 51, 57
Elke Sons: Seite 17
Tanja Steinbach: Seite 35
Studio Schachenmayr:
Seiten 21, 39, 43, 49, 85, 91
Heidi Zuschke:
Seiten 33, 37, 52, 53, 69, 81, 93

Fotos:
Fotostudio Erwin Wehinger:
Seiten 16 bis 19, 22 bis 37, 40 und 41,
44 bis 55, 58 bis 89, 92 und 93
Schoeller + Stahl: Seite 57
Studio Schachenmayr: Seiten 21, 39, 43, 91

Styling:
Kirsten Galle:
Seiten 16 bis 19, 22 bis 37, 40 und 41,
44 bis 55, 58 bis 89, 92 und 93

Konzept:
Gundula Steinert

Korrektur:
Veronika Hug

Redaktion:
Anke Sturm

Umschlaggestaltung:
Stefan Hagen

Layout und Produktion:
www.heydesign.de, Isabell Rinner

Schäfchen-Illustrationen:
Werner Schultze

Zeichnungen:
Werner Schulze
Seite 10-12

Repro:
Baun PrePress, Fellbach

Druck und Verarbeitung:
J. P. Himmer, Augsburg

ISBN 3-89858-718-5

Der Verlag hat größtmögliche Sorgfalt walten lassen, um sicherzustellen, dass alle Angaben und Anleitungen korrekt sind, kann jedoch im Falle unrichtiger Angaben keinerlei Haftung für eventuelle Folgen, direkte oder indirekte übernehmen.

Farbe und Helligkeit der hier gezeigten Garne und Modelle können von den jeweiligen Originalmaterialien abweichen. Die bildliche Darstellung ist nicht verbindlich. Der Verlag übernimmt keine Gewähr und Haftung. Die gezeigten Garne und Materialien sind zeitlich unverbindlich. Der Verlag übernimmt für Verfügbarkeit und Lieferbarkeit keine Gewähr und keine Haftung.

Wir danken den Firmen:
Atelier Zitron, Gedifra, Lana Grossa, Lang, Prym Consumer, Schachenmayr, Schoeller + Stahl für ihre freundliche Unterstützung.

Creativ-Hotline

Wir sind für Sie da!

Unsere Fachberaterinnen helfen Ihnen weiter:
Montag bis Freitag 10 - 16 Uhr
unter der Telefonnummer 07623/964-417

Oder schicken Sie eine Postkarte an: **OZ** Verlag GmbH, Leser-Service, Römerstr. 90, 79618 Rheinfelden